Padres e hijos

**Problemas cotidianos
en la infancia**

Martin Herbert

Padres e hijos
Problemas cotidianos en la infancia

EDICIONES PIRÁMIDE

COLECCIÓN «GUÍAS PARA PADRES»

Director:
Francisco Xavier Méndez
Catedrático de Tratamiento Psicológico Infantil
de la Universidad de Murcia

Traducción: Marina Beléndez y Francisco Xavier Méndez

Diseño de cubierta: Gerardo Domínguez

© Martin Herbert
© Ediciones Pirámide (Grupo Anaya, S. A.), 2002
Juan Ignacio Luca de Tena, 15. 28027 Madrid
Teléfono: 91 393 89 89
www.edicionespiramide.es
Depósito legal: M. 44.655-2002
ISBN: 84-368-1734-6
Printed in Spain
Impreso en Lerko Print, S. A.
Paseo de la Castellana, 121. 28046 Madrid

Índice

Índice **9**

Prólogo

Esta guía para padres, escrita por el profesor Martin Herbert, catedrático de Psicología Clínica y Comunitaria de la Universidad de Exeter (Inglaterra), aborda tres problemas muy comunes en la primera infancia: las batallas a la hora de acostarse y de comer, el problema de los niños que mojan la cama o se hacen encima, y la disciplina en el hogar.

El primer capítulo versa sobre *alimentación y sueño*. A lo largo del desarrollo los niños experimentan acusadas variaciones en sus necesidades de comer y dormir. El recién nacido se alimenta de leche y pasa la mayor parte del tiempo durmiendo. Paulatinamente se introducen alimentos triturados, sólidos y se aumenta el período de vigilia, hasta conseguir hábitos alimentarios y de sueño propios de los adultos. Las fluctuaciones debidas a la edad son bien patentes. Así, una pareja invitada a cenar en casa de unos amigos observa cómo la pequeña de tres años juega animadamente durante toda la velada, mientras que el hermano de diez años cae rendido en el sofá. La adaptación a las nuevas situaciones requiere tiempo y paciencia. Afortunadamente, los niños poseen una enorme capacidad de aprendizaje que les permite evolucionar sin excesivas dificultades. No obstante, existen importantes diferencias individuales en apetito y somnolencia, de modo que algunos padres se quejan de sus hijos malcomientes y/o maldurmientes.

La principal condición para comer y dormir con ganas es tener hambre y sueño. Esta verdad de Perogrullo se ignora a menudo, forzando al crío porque es hora de comer, de acostarse, o porque se desconoce la cantidad de comida o el tiempo de sueño adecuado para cada edad. En cualquier caso se le exige que coma o duerma más de lo conveniente. Un yerro prototípico es la fe en los poderes cuasi mágicos del vaso de leche. Magdalena acaba de cenar un bocata kilométrico, rematado por una torre de galletas untadas de mantequilla y cacao. Mamá le ofrece el sagrado líquido: «Cariño, la leche». La madre, inducida a error probablemente por su naturaleza mamífera, cree que de no apurar la leche es como si no aprovechara para nada todo lo que su hija ha devorado. Degustar un sabroso manjar o echarse una siesta son placeres apetecibles para los adultos, pero para los niños pueden constituir obligaciones tediosas y desagradables que funcionan como castigo. Si me estoy divirtiendo viendo en el vídeo mis dibujos animados favoritos, ¿por qué precisamente ahora tengo que apagar el televisor, lavarme las manos y sentarme a la mesa ante ese desabrido plato de sopa?, ¿por qué he de irme a la cama, para aburrirme a solas en la oscuridad de mi cuarto? La oposición es previsible. Los rifirrafes familiares se previenen tomando en consideración la perspectiva infantil y contemplando el mundo de cuando en cuando a través de la mirada del niño.

En segundo lugar se analiza el *entrenamiento en control de esfínteres*. Los niños también nacen preparados parar aprender rápidamente a controlar sus necesidades fisiológicas. Cierto que algunos son más lentos, pero con pequeñas ayudas adquieren el control intestinal y vesical. Nuevamente hay padres que aplican pautas educativas extremas. Una actitud inadecuada es la de doña Rígida y don Rígido. Su hijo Perfectín debe ser el primero del vecindario en andar, en hablar; el primero de la guardería que se enseñe a escribir y leer. Esta ansia de batir récords filiales les impulsa a perseguirle por los rincones blandiendo el orinal. Cada cinco minutos advierten: «Amor, tú pide pipí tan pronto como tengas ganas, pero no mojes los pañales, ¿te pongo ahora?». Sin aguardar contestación sientan diligentemente al pequeño príncipe en el trono. Por el contrario, sus vecinos de enfrente, doña Permisiva y don Permisivo, no estiman conveniente traumatizar a su hija mayor Tranquilidad por el nimio asunto de las inundaciones nocturnas en la cama. «Calma, que no cunda el pánico. No es bueno precipitarse. Tu padre lo consiguió en la mili. Tarde o temprano lo lograrás. Mientras fabriquen fundas de plástico, tranqui, tronqui».

Los asuntos anteriores suelen reflejar problemas de relación padres-hijo. Se trata de la lucha por el poder en el hogar; en otros términos, quién se sale con la suya y quién da su brazo a torcer. Ésta es una batalla ardua y larga. Por esta razón es fundamental la tercera y última cuestión: cómo establecer *normas y límites de conducta*. En nuestro país dos importantes fenómenos sociales han repercutido sobre la concepción y el empleo de la disciplina. Por un lado, la transición política y el cambio de valores sociales condujeron al rechazo de las prácticas autoritarias, que en muchos casos no fueron sustituidas por métodos pedagógicos alternativos. Por otro, el drástico descenso de la tasa de natalidad multiplicó el número de hijos únicos. Algunos progenitores confunden afecto con *laissez-faire* y sobreprotección. Se exceden en mimos, otorgan caprichos desproporcionados, consienten impertinencias, satisfacen demandas irracionales. El riesgo es mayor cuando en casa sólo hay un tesoro que custodiar. Al frágil jarrón de porcelana fina de Alcora se le arropa entre algodones, se le preserva dentro de urnas de cristal. Un papá se hallaba agobiado por el sinvivir de vigilar constantemente a su hija única al dar sus primeros pasos. Un familiar le comentó con intención benéfica, «déjala, es normal que los críos se caigan y se den porrazos cuando empiezan a andar; no sufras, los niños son de goma». «Ya lo sé —replicó el solícito y angustiado padre— pero si le puedo evitar un golpe, ése que se ahorra».

Este libro constituye una valiosa ayuda para la educación infantil. El autor aprovecha su dilatada experiencia como psicólogo especializado en la infancia y la transmite en forma de sabios consejos y soluciones prácticas para que los padres enseñen a sus hijos hábitos saludables de sueño, alimentación e higiene, y normas básicas de convivencia.

FRANCISCO XAVIER MÉNDEZ
Director de la Colección Guías para Padres
de Ediciones Pirámide

1

Cómo hacer frente a las batallas a la hora de comer y de acostarse los niños

Introducción

Dos de las quejas más frecuentes planteadas por los padres que se enfrentan a (o mejor dicho, que bregan con) hijos que atraviesan etapas del desarrollo caracterizadas por actitudes provocativas, se refieren a las «batallas» la hora de comer y de dormir. Desgraciadamente la expresión «batallas» es apropiada, porque así describen los padres desesperados sus forcejeos aparentemente sin fin para lograr que su hijo coma adecuadamente o se vaya a la cama y ¡se quede allí! De ahí el título de este capítulo. Con frecuencia estas dificultades aparecen juntas en el mismo niño y son parte de un patrón general de conducta oposicionista.

Cómo sobrevivir y ganar

Paradójicamente, sugerimos que la mejor forma para sobrevivir y ganar estas, así denominadas, batallas es dejar de referirse a ellas en esos términos. Es preferible considerarlas como situaciones en las que los niños intentan resolver determinados problemas por sí mismos, lo que a su vez provoca problemas que los padres deben solucionar con una mezcla de comprensión, paciencia y estrategias basadas en conocimientos empíricos.

Objetivos

Los objetivos de este capítulo del libro son proporcionar al profesional:

1. Una descripción de los principales problemas a la hora de comer.
2. Una guía para evaluar las dificultades a la hora de comer.
3. Una serie de estrategias conductuales para las horas de las comidas y consejos prácticos para estimular al niño a comer apropiadamente.
4. Una descripción de las «batallas» y «trucos» de los niños a la hora de dormir.
5. Una guía para evaluar las dificultades a la hora de dormir (tales como los despertares nocturnos, la oposición a irse a la cama, los miedos y preocupaciones nocturnos).
6. Estrategias para alentar al niño a quedarse en su cama toda la noche.

Advertencia

Los consejos recogidos en este capítulo parten del supuesto de que el niño está físicamente sano. Ante cualquier sospecha de que su conducta o dificultades nocturnas se asocien o estén causadas por alguna dolencia o enfermedad, se debe remitir de inmediato al médico de familia (o al pediatra).

Problemas de conducta a la hora de comer

Las dificultades típicas a la hora de comer incluyen: malos modales en la mesa, negarse a comer o comer exasperadamente despacio, levantarse de la mesa, hábitos alimentarios melindrosos o delicados, caprichos, rabietas y lloreras. El marco familiar debe proporcionar una oportunidad importante para que los niños disfruten de la vida familiar y aprendan habilidades interpersonales; en lugar de ello, parece convertirse demasiado a menudo, especialmente con niños en edad preescolar, en una ocasión para la guerra abierta.

Prevalencia (véase también Douglas, 1989)

En un estudio transversal realizado en Londres sobre hábitos de alimentación con niños de tres años de edad, se estimó que el

16 por 100 tenía poco apetito y el 12 por 100 se mostraba caprichoso con los alimentos. No hubo diferencias de sexo en el porcentaje de dificultades, pero se encontró que los problemas persistían durante un año en alrededor de dos tercios de los niños y continuaban más de cinco años después en aproximadamente un tercio.

En un estudio a gran escala con niños de cinco años, más de un tercio presentaba apetito ligero o moderado o problemas de alimentación. Dos tercios eran delicados para las comidas, mientras que el resto no comía suficientemente.

Orígenes

Los teóricos de la personalidad, sobre todo los freudianos, han resaltado siempre la importancia de las experiencias tempranas de alimentación satisfactorias para el desarrollo de los rasgos de personalidad, por ejemplo, lo que llamaron optimismo «oral»-pesimismo «oral», y las relaciones padres-hijos. Durante las primeras semanas de vida, la mayoría del tiempo que el bebé permanece despierto está comiendo, lo que constituye un componente importante del proceso de vinculación entre los padres y el hijo. Indiscutiblemente, el desarrollo de pautas de alimentación positivas es relevante para el bienestar físico y psicológico del niño; en cambio, la conmoción suscitada por los primeros teóricos acerca de los efectos a largo plazo de la alimentación programada o no, del destete temprano o tardío, en el desarrollo de la personalidad no está justificada. Sin embargo, esto no significa que no sea importante conseguir que la alimentación del niño sea lo más relajada y agradable posible.

A la hora de comer (y dormir) con frecuencia los padres hacen algo que resulta contraproducente, debido al rápido fracaso para establecer rutinas que son, igual que los hábitos, el medio para que el niño ponga en marcha el piloto automático en tales ocasiones. Es posible que den al niño demasiadas opciones o que haya excesivas distracciones, por ejemplo, televisión o jaleo en casa. O a lo mejor tienen poca idea sobre las raciones que le sirven, si se ajustan al apetito del niño o no, provocando así un conflicto cuando el niño pica sin ganas o se niega a terminar el plato.

A menudo los problemas relativos a la alimentación y a la comida surgen por dificultades de las relaciones en general; asimismo, las dificultades en las relaciones pueden proceder de problemas con la alimentación y la comida, a veces originados por un trastorno orgánico como la estenosis pilórica (estrechamiento del músculo que hay al final del estómago). El temperamento del niño puede chocar con el de los padres, de modo que los problemas a la hora de comer se dan en el contexto de una amplia gama de problemas de relación. El niño puede ser muy desafiante y terco y los padres pueden no haber aprendido cómo hacer frente a la conducta disruptiva del niño.

Tipos de problemas a la hora de comer

Los padres informan de una amplia variedad de dificultades para comer; su severidad varía desde sencillos problemas de alimentación hasta el retraso del crecimiento debido a malos tratos psicológicos o a desnutrición. Algunos padres llegan a estar muy preocupados por una ligera pérdida de apetito de su hijo, mientras que otros no se dan cuenta que su hijo está mal alimentado.

El niño «delicado» con la comida

Los padres difieren en sus expectativas acerca de la cantidad de comida que sus hijos deben comer o en sus necesidades nutricionales. Los gráficos de crecimiento (véase página 22, apartado «Gráficos de talla y peso») son más fiables que etiquetar a un niño de forma arbitraria como comiente «parco» o «delicado», ya que casi todos los niños son delicados para comer en alguna ocasión. En ciertas edades es simplemente un asunto de desagrado hacia determinados sabores y texturas, o de estar más interesado en experimentar, jugar y hablar que en comer. Sin embargo, algunos niños aprenden a ser melindrosos al observar a otros miembros de la familia que también lo son.

Conducta disruptiva

Las conductas disruptivas a la hora de comer incluyen quitar la comida a otros, ingerir la comida derramada, agresividad en la mesa, acciones destructivas como tirar comida, bebida, platos o cubiertos, gritar y coger una rabieta.

Problemas psicológicos infantiles

La ansiedad, la depresión o las reacciones a las relaciones hostiles (puede que hasta abusivas) dentro de la familia pueden causar que el niño deje de comer y, por consiguiente, que se estanque su crecimiento. ¿A qué nos referimos con problemas psicológicos? Los padres (y los maestros) suelen preocuparse por el niño a su cargo cuando la conducta infantil parece: *a*) estar fuera de control; *b*) ser imprevisible, o *c*) carecer de sentido o significado. Cuando estas tendencias son extremas y/o persistentes las consideran «problemáticas» o «anormales», y la preocupación creciente les conduce a la consulta de un psicólogo o psiquiatra infantil (generalmente remitidos por otro profesional). ¿Qué clase de conductas preocupan más? Achenbach y Edelbrock (1983) recogieron datos de 2.300 niños remitidos a 42 centros de salud mental, basados en las observaciones de los padres. Utilizaron el Listado de Conducta Infantil *(Child Behaviour Checklist, CBCL)*. Los análisis estadísticos de las puntuaciones descubrieron varios síndromes *(clusters)*, que podrían agruparse en dos amplias categorías: conductas «internalizadas» y conductas «externalizadas». Las primeras incluían problemas emocionales como ansiedad, fobias, inhibiciones, timidez, preocupaciones y dificultades somáticas, mientras las últimas incluían agresividad, peleas, desobediencia e hiperactividad. Lo que llama la atención es que estas agrupaciones de conductas, que sugieren categorías de exceso de conducta de aproximación (agresión antisocial) y de exceso de conducta de evitación (retirada social /inhibición), han emergido en varios estudios empíricos realizados con niños en gran cantidad de escuelas, clínicas infantiles e instituciones residenciales.

Son los problemas externalizados que se asocian con más frecuencia a los problemas a la hora de comer y dormir donde la resistencia resulta más evidente; mientras que los problemas internalizados a veces forman el telón de fondo de las dificultades que implican ansiedad y miedo.

Retraso no orgánico del crecimiento

Este término se refiere a los niños cuyo crecimiento y desarrollo están significativamente por debajo de los valores correspondientes a su edad, sin que se detecten causas orgánicas. Con frecuencia estos niños parecen reservados, deprimidos, letárgicos, ansiosos, quejicas y llorones. A menudo dichos problemas son los signos físicos y externos de un abuso y/o abandono emocional (véase Iwaniec, 1995; Iwaniec, Herbert y Sluckin, 1988).

En casos graves de retraso del crecimiento el ingreso en un hospital proporciona un ambiente en el que se puede observar con detalle los patrones de alimentación y las interacciones madre-hijo. Un programa de tratamiento se describe en el apéndice II en la página 48.

Evaluación de los problemas de alimentación

Diarios de alimentación

A los padres se les pide que lleven un registro detallado de lo que el niño come exactamente a lo largo de todo un día o, si es posible, de una semana. El diario debe contener la cantidad y tipo de comida, incluyendo lo que pica y lo que bebe, así como la hora y el lugar. Este registro es particularmente importante cuando se trata de un problema de obesidad. Un registro preciso de la cantidad de comida ingerida es crucial.

Gráficos de talla y peso

Los registros de la talla y el peso son útiles para la evaluación y el tratamiento porque ayudan al profesional a decidir acerca de las repercusiones del problema de alimentación sobre la salud del niño. Si está preocupado por la salud de su hijo, consulte a su pediatra para asegurarse que el peso y la talla se hallan dentro de los valores normales. Recuerde que no hay que considerar adecuada la nutrición por cuanto se come, ya que existen grandes diferencias en la cantidad de comida que requiere cada niño. Igual que el desarrollo motor o el lingüístico progresan con avances y parones, ocurre lo mismo con el crecimiento, la ganancia de peso y el apetito. A determinadas edades, los niños tienen menor necesidad de calorías. Entre uno y cinco años, la mayoría de los niños ganan alrededor de dos kilos por año, pero muchos pueden pasarse tres o cuatro meses sin coger peso, lo que produce una disminución del apetito.

Cuestionario de evaluación

Las siguientes preguntas formuladas a la madre o a otros cuidadores deben proporcionarle datos de evaluación útiles.

Comportamiento a la hora de comer

1. ¿Tiene normas sobre el comportamiento a la hora de comer (por ejemplo modales en la mesa), que desea que su hijo respete en casa?

2. ¿Cuáles son esas normas?
   Si únicamente hace referencia a exigencias, pregunte sobre prohibiciones y estrategias incentivadoras. Si menciona muchas, pregunte por las más importantes.

3. Ordene las cinco normas más importantes que han de seguirse.
   El entrevistador puede necesitar recordar a la madre las normas que mencionó anteriormente.

4. ¿Cómo transmite esas normas o expectativas a su hijo?
   Si la respuesta es «verbalmente», pregunte si ello ocurre sólo cuando la norma se incumple.

5. Cite una a una las cinco normas por orden y pregunte cada vez por qué es importante que el niño las cumpla.

6. (*Nombre del padre o de otro cuidador*), comparte con usted las mismas normas para su hijo (o para el niño)?

7. ¿Con qué frecuencia se incumple cada norma? Para cada norma estime la frecuencia en términos del número medio de veces por semana.

8. ¿Qué ocurre cuando el niño incumple esas normas? Para cada norma indague:

   a) Consecuencias.
   b) Consistencia en el tiempo.
   c) Consistencia entre adultos.
   d) Si se da o no una explicación.

9. ¿Qué sucede cuando el niño cumple las normas a la hora de comer?

10. ¿Esas normas son las mismas para todos los hijos?

11. Pregunte la razón para la respuesta dada a la pregunta 10.

12. ¿Alguna vez han solicitado ayuda por el comportamiento de su hijo a la hora de comer? Si la respuesta es afirmativa, pregunte a quién consultaron, sobre qué hijo, y pida un breve relato de lo que sucedió.

Observación

Participe en una comida (si es posible) y observe manteniéndose en segundo plano qué hacen y dicen el niño y su familia, el «clima» emocional, el tipo de comida servida, el tamaño de las raciones, etc. Una observación detallada de los padres dando de comer a su hijo pequeño proporciona una guía de la naturaleza emocional de la relación. Por ejemplo, la brusquedad o falta de entusiasmo de los padres hace que el niño se sienta frustrado y disgustado. Se niega o se resiste a comer, provocando el enfado de los padres que lo interpretan como que su hijo está haciendo de las suyas o desobedeciendo.

Además, las horas de comer brindan la ocasión para montar una escena de jaleo, con el niño correteando y sin querer sentarse a la mesa. Los padres se sienten cada vez más frustrados y enfadados, le gritan y contribuyen a aumentar el nivel de tensión y alboroto.

Una madre o un padre metomentodo también pueden afectar la alimentación del niño. El no conceder independencia para comer o ensuciarse interfiere el normal aprendizaje evolutivo. Los padres transmiten su ansiedad al hijo, provocando malestar y, quizá, rechazo a comer.

Factores orgánicos

Las anormalidades congénitas del tracto intestinal, la existencia de disfunciones neuromotoras, y otros problemas de salud influyen o causan problemas de alimentación y/o pérdida de apetito. Estos factores requieren atención médica.

El apetito del niño

Es necesario tener en cuenta el nivel de apetito del niño en cualquier evaluación de las dificultades a la hora de comer. Los adultos normalmente se han criado dentro de la tradición de hacer tres comidas al día, pero este horario no es necesariamente el que mejor se ajusta a las necesidades alimentarias de un niño pequeño. La mayoría requiere de cuatro a cinco pequeñas comidas al día: mañana, media mañana, mediodía, media tarde y noche. Este hecho afecta a la cantidad de comida, un tentempié a media tarde convierte una cena abundante en excesiva. Los padres han de ser conscientes de que los niños no tienen el mismo apetito que ellos, y ¡resulta tremendamente desalentador una montaña de comida en el plato que uno *debe* acabar! Es preferible servir al niño una cantidad menor y darle la oportunidad de repetir. Por otro lado, no hay nada tan molesto como gastar el tiempo preparando una atractiva y nutritiva comida para que luego la rechace.

Según la teoría psicodinámica, existe una relación simbólica, y de hecho real, entre la comida y el amor (y la crianza). Así, el rechazo de la comida suministrada por un padre puede interpretarse como el rechazo de su cuidado y su afecto.

El interés de los padres

En algunas familias el hijo con el problema de alimentación es el único que ha tenido dificultades conductuales o emocionales persistentes desde el nacimiento o poco después de nacer. Las relaciones padres-hijos, especialmente las más tempranas que implican comunicación entre la madre y el bebé, son *cruciales* para la salud y el bienestar del niño. Para desarrollarse con vigor un bebé necesita el contacto físico y emocional, cercano, sólido y afectuoso, con la madre (o un sustituto), el padre o ambos. La ausencia de esta intimidad física y crianza de manera continuada provoca ansiedad, inquietud y trastornos en las funciones biológicas del niño. Uno de los índices de confianza y seguridad básicos en un pequeño es la conducta alimenticia estable. La sensibilidad y el interés de los padres son vitales para facilitarla (véase apéndice I).

Una dificultad aguda en la alimentación, que persista a lo largo de un período de tiempo considerable, se traduce no sólo en un crecimiento y desarrollo pobres, sino también, bajo ciertas circunstancias, en la aparición de problemas en la relación madre-hijo o en la exacerbación de dificultades preexistentes, el acertijo del «huevo y la gallina» que ha de desenmarañar el profesional.

Factores estresantes ambientales del cuidador

Las dificultades maritales, los hogares monoparentales, los familiares críticos y entrometidos contribuyen a socavar la confianza de un padre para educar a su hijo. Por ejemplo, una madre que padece depresión es improbable que «sintonice» con su hijo de manera suficientemente sensible para ser capaz de entablar una secuencia interactiva mutuamente beneficiosa y estimulante, de la clase que intensifican las experiencias de alimentación tempranas.

Manejar la conducta a la hora de comer

Jo Douglas (1989) recomienda una mezcla de habilidades de manejo de la conducta, ayuda nutricional, tranquilidad, fortalecimiento de la confianza y supervisión, en la tarea de ayudar a los padres a afrontar las dificultades de alimentación. Los métodos conductuales tienen una trayectoria de éxito probada (véase Herbert, 1987; 1994). Por ejemplo, los niños aprenden muchísimo de la conducta de sus padres observando sus reacciones. Este proceso abarca también las situaciones de comida. Aprenden fijándose cómo sus padres comen, hablan y se comportan en la mesa. Miran con interés cómo su padre acoge la sugerencia materna de que no lea el periódico mientras comen, o de que deje de sorber la comida. ¿Papá pone cara larga, se enfada o coopera?

Cómo enseñar métodos conductuales a los padres

A continuación ofrecemos de forma breve algunas tácticas (métodos conductuales) disciplinarias para animar a los padres a utilizarlas en diversas situaciones.

Control de estímulos

Los padres pueden necesitar ayuda para establecer *señales ambientales* que se asocien con la comida. Sencillas pautas como comer únicamente en la mesa y a su hora o disponer de un mantel especial para el niño pequeño, ayudan a establecer señales, rutinas y hábitos para comer de forma apropiada.

Reforzamiento positivo

Si deseamos ayudar a los niños a desaprender conductas indeseables a la hora de comer y a adquirir en su lugar un comportamiento más apropiado, debemos cambiar la forma en que recompensamos o no sus acciones. Este procedimiento se denomina «entrenamiento en reforzamiento». La pregunta que sigue se ha de analizar detenidamente con los padres porque ayuda a generar estrategias de tratamiento basadas en el reforzamiento positivo.

¿Actúan de modo que el buen comportamiento de su hijo merezca la pena?

Algunos padres se acuerdan de recompensar («reforzar») la conducta adecuada de comer. Tenemos que considerar un nuevo eslogan: «Pille a su hijo comportándose *bien* a la hora de comer en lugar de siempre que se porta mal». Este lema quiere decir que si hemos estado recompensando la conducta inapropiada con atención (enfado o cualquier otra cosa), e ignorando la mayor parte del tiempo el buen comportamiento, entonces debemos invertir nuestras reacciones, empezando a ignorar la conducta inapropiada tanto como sea factible y a recompensar la adecuada. Parece muy sencillo, pero plantea numerosos interrogantes y complicaciones posibles (véase Herbert, 1987).

Para potenciar su efecto, los reforzadores como regalos, actividades preferidas, halagos y ánimos deben darse tan pronto como sea posible después que el niño realice una conducta concreta deseada a la hora de comer. Así, el padre que observa con interés a su hijo y presta atención inmediatamente a sus pequeños logros (tan sencillos como comer tranquilo), utiliza el elogio y el aliento más efectivamente que el padre que sólo efectúa comentarios favorables cuando, por ejemplo, el niño lleva a cabo algo extraordinario.

La fórmula «alabar-ignorar»

El uso diferencial de la atención, por ejemplo alabar e ignorar, generalmente se aconseja como un primer paso de las intervenciones conductuales en los contextos familiar y escolar. Está especialmente indicado cuando el niño no recibe suficiente reforzamiento positivo (atención) y/o lo recibe en momentos inapropiados. Las reglas de la atención establecen que un niño se esforzará por conseguir la atención de los demás, sobre todo de sus padres. Si el niño no recibe atención positiva, hará todo lo posible por obtener atención negativa. Hay que tener en cuenta que hay algunos niños que no muestran interés e incluso reaccionan en contra de lo que los adultos creen que es atención positiva. La explicación de esta conducta exige una evaluación de la calidad de las interacciones. La tabla 1.1 es un esquema de las principales reglas empíricas de las relaciones entre la conducta y el reforzamiento.

TABLA 1.1
Relaciones entre conducta y reforzamiento

Conducta aceptable + Reforzamiento (recompensa) = Conducta más aceptable.
Conducta aceptable + No reforzamiento = Conducta menos aceptable.
Conducta inaceptable + Reforzamiento (recompensa) = Conducta más inaceptable.
Conducta inaceptable + No reforzamiento = Conducta menos inaceptable.

Muchos piensan que un prerrequisito de los programas conductuales para padres en este campo es asegurarse que los padres proporcionan atención positiva y significativa al niño de forma consistente, mientras ignoran las acciones inapropiadas. Es obvio que si los niños aman, confían y respetan a sus padres —con otras palabras, si se *identifican* con ellos—, su deseo de complacerles hará que las recompensas y sanciones de sus padres sean muy poderosas. «El afecto es un combustible esencial para el aprendizaje» es un axioma muy útil para los padres de niños que se resisten.

Algunos padres hacen que la conducta inadecuada no merezca la pena, como muestra la tabla 1.2.

Del mismo modo que la conducta que se refuerza tiende a repetirse, la conducta que no se refuerza (ejemplo *a*) o que se castiga (ejemplo *b*) tiende a desaparecer. Es importante aclarar a los padres que «recompensas» no significa cosas caras o tangibles, ni «castigos» cosas físicas, dolorosas o dañinas. Intentamos ayudar a

TABLA 1.2

Actuar de forma que la conducta inadecuada no merezca la pena

Antecedentes	Conducta	Consecuencias
a) Jaime quería jugar con el ordenador en vez de comer. Papá dijo que hasta después de merendar no era momento.	Jaime pataleó, gritó, se arrojó al suelo y chilló.	Papá ignoró su rabieta; por fin Jaime se calmó y empezó a comer en la mesa.
b) Ana estaba desayunando.	Ana tiró la comida al suelo.	Mamá, después de un aviso, le retiró el desayuno y Ana tuvo que pasar hambre.

los niños a entender que ciertas conductas producen consecuencias deseables cuando comen o están sentados a la mesa, mientras otras formas de conducta no.

Estos métodos son especialmente útiles cuando el niño tiene que seguir alguna clase de dieta (por razones de salud) y se opone a ella.

El niño a dieta

Los padres deben llevar un gráfico de la «buena conducta» y del peso del hijo a dieta para que pueda ver sus progresos o fracasos y recuerde el objetivo del tratamiento. Situar el gráfico en la puerta del frigorífico ayuda a los padres a no ser indulgentes y a exigir el cumplimiento del régimen, por ejemplo en el caso de la obesidad infantil. Los niños con sobrepeso a menudo tienen pocos límites para su comportamiento general y para sus hábitos alimentarios.

Ignorar

No hay duda que la atención, sea positiva o negativa, es un reforzador muy potente de la conducta del niño. Los hábitos alimentarios inapropiados en niños que son capaces de comer por sí solos pueden ser resultado de escasas habilidades o pobre motivación. Sin embargo, en muchos casos, las conductas problemáticas durante las comidas y los hábitos impropios en la mesa son medios efectivos para conseguir ganancias en forma de atención. Este hecho plantea la pregunta: «¿Por qué el niño tiene que portarse mal para obtener atención? ¿No recibe suficiente atención en otras ocasiones, especialmente cuando se porta bien?». Con frecuencia las reprimendas paternas y los intentos de arreglar el lío de la mesa y/o de limpiar al niño después de una comida refuerzan la conducta.

Tiempo-fuera

Varias conductas disruptivas a la hora de comer pretenden llamar la atención, pero no se pueden ignorar. El tiempo-fuera es un procedimiento que minimiza esos problemas. Este método implica sacar al niño de la situación reforzante relacionada con el problema de conducta, por ejemplo, llevarlo a una silla en un rincón. Otra solución es quitar el estímulo que origina la mala conducta, por ejemplo, retirar la comida que el niño ha estado derramando. Durante el proceso no se debe prestar atención al niño.

Para que sea efectivo el tiempo fuera ha de aplicarse:

— consistentemente: siempre que ocurra el problema de conducta;

— inmediatamente: para que el tiempo fuera se asocie directamente con el problema de conducta;

— con mínima atención y sin aspavientos: se debe sacar al niño o retirar la comida sin comentarios y de manera rutinaria. Recuerde que puede ser reforzante tanto si el niño percibe que usted está enfadado como que le ha hecho gracia;

— durante breves períodos de tiempo: de dos a cinco minutos, supervisados;

— en combinación con la alabanza y la atención por la conducta apropiada, excepto durante los minutos de aplicación del tiempo-fuera.

Se pretende que el tiempo-fuera sea una forma leve de castigo y, por tanto, es inefectivo si el hecho de retirar la comida es en sí mismo reforzante. Por ejemplo, los niños se alegran cuando se les quita la comida que no les gusta. El éxito del tiempo-fuera depende de:

— la ausencia de valor reforzante, interés o estimulación, de la situación de tiempo-fuera;
— el valor reforzante de la situación de la que se aparta al niño; o
— el valor reforzante de la comida que se le retira al niño.

Hay que estar pendiente de proporcionar reforzamiento positivo por la conducta apropiada. Es crucial desarrollar conductas *positivas* que reemplacen a las disruptivas.

Consecuencias naturales o lógicas

Pueden explicarse a los padres del siguiente modo:

Aunque no puede forzar a su hijo a comer a las horas de las comidas, puede controlar lo que come entre comidas. El hambre es una consecuencia natural de no comer, por tanto utilícela a su favor. Explíquele a su hijo, «si no te tomas la comida ahora, cuando suene el reloj me llevaré tu plato y no podrás comer nada más hasta la cena».

Problemas de conducta a la hora de acostarse

Permítanos empezar con una confesión. Los expertos todavía no comprenden totalmente por qué la gente necesita dormir o para qué sirve dormir. ¡Pero todos nosotros *necesitamos* dormir! Y esta afirmación resulta particularmente sensible para aquellos padres cuyo sueño es interrumpido por un hijo con problemas persistentes a la hora de dormir. Lo que sí sabemos es que las dificultades nocturnas constituyen uno de los problemas más comunes al que han de hacer frente los padres.

Prevalencia

La encuesta realizada en 1981 por Naomi Richman con 771 niños con problemas de sueño (citada por Douglas y Richman, 1985) encontró que más del 10 por 100 de los niños de uno a dos años tenían tasas de despertar elevadas o problemáticas. Los problemas a la hora de irse a la cama están también entre los más frecuentes en niños más mayores.

El ciclo de sueño

El patrón de sueño de un niño pequeño es tan individual como único es el desarrollo de su personalidad. Este «ciclo de sueño» básico, como se conoce, está programado —biológicamente dado (no aprendido)—, y como tal, no puede ser alterado por los padres o el bebé. Está biológicamente regulado por un sistema de neuronas situado en el centro del cerebro, y en el primer medio año de vida, más o menos, el patrón de sueño refleja el desarrollo biológico individual. Sin embargo, ello no es razón para no hacer nada; los padres pueden comenzar de forma gradual a inculcar rutinas —las bases de unos buenos hábitos de sueño— y sus expectativas pueden tener una poderosa influencia en cómo se desarrollan las rutinas de sueño de su hijo conforme va creciendo. Es mejor evitar frases como «*No duerme bien*» o «*Apenas necesita dormir*». Si los padres asumen que su hijo es incapaz de cambiar y actúan de acuerdo con este supuesto, entrará en juego la «profecía autocumplida» y permitirán que su hijo desarrolle hábitos de sueño pobres.

Richard Ferber (1985), un distinguido investigador sobre problemas de sueño, declara lo siguiente:

> Como... los padres llegaron a pensar que su hijo dormía mal y no había nada que hacer, aceptaron que su bebé desarrollara malos hábitos de sueño; creyeron que no podían hacer nada para ayudarle a desarrollar buenos hábitos. Como resultado la familia entera sufrió terriblemente. A pesar de todo, he descubierto que casi todos estos niños pueden dormir bien y sólo con una pequeña intervención consiguen aprenderlo.

¡Hay motivo para el optimismo! Un buen punto de partida es analizar brevemente la naturaleza del sueño y el abanico de posibles problemas relacionados con el sueño.

¿Cuándo un problema es un problema?

Ya que muchos niños tienen ocasionalmente problemas de sueño o a la hora de acostarse, ¿cuándo se puede decir que un problema es realmente un problema? Para responder a esta pregunta es necesario considerar el lado práctico del asunto: ¿las dificultades concretas asociadas a la hora de dormir son *frecuentes, intensas, numerosas* y de *larga duración*? Examinemos cada una de estas características.

— *Frecuencia:* ¿El problema ocurre a menudo? ¿El niño se levanta de la cama todas las noches? ¿Va a la cama de sus padres varias veces durante la noche?
— *Intensidad:* ¿Tiene miedo a la oscuridad? ¿Coge rabietas cuando se le ordena que se acueste?
— *Número:* ¿Coexisten problemas diversos relacionados con el sueño, como pesadillas, pasarse a la cama de sus padres y hacerse pipí? ¿Se dan otros problemas de conducta, por ejemplo, rebeldía o agresividad?
— *Duración:* ¿Persiste el problema desde hace mucho tiempo?

Otra cuestión es qué se considera sueño «normal».

Patrones de sueño «normal»

Retrocediendo a los inicios, se cree que el feto en el seno materno no está realmente despierto, sino que va alternando entre un sueño *activo* y otro *tranquilo*. Los recién nacidos (a término) pasan alrededor del 75 por 100 de cada período de 24 horas durmiendo. Normalmente tienen, como promedio, unos ocho períodos de sueño al día, duermen como a ratos, y la duración de cada período varía de bebé a bebé. Los recién nacidos duermen típicamente de dos a cuatro horas cada vez (¡ojo al rango que es muy amplio!) Su necesidad de dormir también varía considerablemente: desde 11 a 21 horas en cada período de 24 horas. Hacia los seis meses, los bebés pasan el 50 por 100 de cada período de 24 horas durmiendo.

Despertar nocturno

Los períodos breves de despertar nocturno son bastante normales en la infancia; al final del primer mes la mayoría de los bebés se despiertan un par de veces por la noche para comer. Los bebés de dos meses pasan, como media, alrededor del 9 por 100 de la noche despiertos; hacia los nueve meses el tiempo que están despiertos se reduce a un 6 por 100. Los bebés normalmente se calman solos y vuelven a dormirse otra vez, aunque algunas veces lloran. El punto hasta el que son conscientes los padres de los despertares de su hijo depende de si duermen con él, de la frecuencia con la que comprueban si está dormido y de su sensibilidad a los llantos.

Tipos de sueño

El sueño no es un estado *simple* distinguible del estado de vigilia; hay *dos* clases de sueño bien diferentes:

— Sueño REM[1] o de movimientos oculares rápidos: un período *activo* de sueño en el que soñamos; y
— Sueño no-REM: la clase de sueño que normalmente pensamos cuando hablamos de «dormir», un tipo de sueño más profundo, tranquilo, sin movimientos de ojos ni del cuerpo. La mayoría de las funciones reparadoras del sueño tienen lugar durante esta fase; hay poca o ninguna ensoñación (sueños o pesadillas), y se da un patrón regular de respiración y de tasa cardíaca.

---

[1] N. de los T.: REM es el acrónimo inglés de *rapid eye movement*.

El sueño REM aparece en el feto alrededor de los seis o siete meses de gestación, y el sueño no-REM entre los siete y ocho meses. Al nacer un bebé a término pasa el 50 por 100 de su sueño en estado REM (los bebés prematuros el 80 por 100), el 35 por 100 a los tres años, y el 25 por 100 al final de la infancia, en la adolescencia y en la edad adulta. El sueño REM, por tanto, parece más importante durante los primeros meses cuando el feto y el bebé se desarrollan. Los bebés realizan transiciones frecuentes entre ambos estados y durante los períodos de sueño ligero/activo se despiertan fácilmente. Alrededor de la mitad del sueño del recién nacido (como hemos visto) la pasa en cada uno de estos estados, activo o tranquilo. Cuando los niños maduran desarrollan a su ritmo la habilidad de pasar por períodos de sueño ligero más rápidamente.

El mecer en brazos y balancearlo ayudan al bebé a entrar en la fase tranquila y más profunda del sueño. Algunos bebés duermen relativamente poco, muchos necesitan dormir más; en cualquier caso, dormirán todo lo que necesitan con tal que no tengan hambre, no les duela nada o no se les interrumpa constantemente. El bebé de dos meses, como media, necesita 27 minutos para quedarse dormido.

La siesta

El cambio de dormir prácticamente durante las 24 horas a un horario de sueño nocturno y siestas diurnas se opera en la mayoría de casos por sí mismo. Alrededor del segundo mes, los bebés se despiertan más durante el día. Del tercero al sexto mes las vidas de los padres vuelven a disfrutar de cierta regularidad, puesto que el bebé ha desarrollado una rutina de dos sueños diurnos más largos. Muchos bebés no duermen por la noche ininterrumpidamente hasta los seis meses. A esa edad la mayoría (83 por 100) lo hace.

Se puede facilitar la transición a un horario de siestas poniendo a dormir al bebé entre las ocho y las diez de la mañana y a la una o dos de la tarde. En algunos casos, durante el segundo año se da el paso a una única siesta por la tarde, y a los cuatro años los niños ya no sienten la necesidad de dormir la siesta.

El niño más mayor

Los despertares nocturnos todavía son bastante frecuentes en el niño más mayor; únicamente un 50 por 100 de los niños duermen toda la noche de un tirón a los dos años de edad. Hacia esa edad, la mayoría sólo duerme una siesta por el día, normalmente después de comer. El irse a la cama se puede convertir en problema con un niño travieso, y lograr que permanezca acostado es un elemento añadido de aflicción para los padres. Unos niños simplemente no tienen sueño cuando sus padres piensan que deberían tenerlo, otros luchan para combatir el sueño, ¡cómo si fuera su enemigo!

Es imposible fijar una regla sobre cuándo un niño tiene sueño, pero se puede establecer (cuanto antes, mejor) una rutina agradable para el momento de irse a la cama. El ritual de acostarse es un hábito especialmente poderoso; la rutina de cenar, bañarse y después contar un cuento antes de dormir consigue que el mundo del niño parezca más ordenado, seguro y confortable. Consolidar estas rutinas no es ninguna trivialidad. Los psicólogos y los trabajadores sociales que visitan hogares caóticos en los que no existe certidumbre, regularidad ni rutina saben cómo trastorna esto a los niños más pequeños. Tampoco ayuda a los más mayores cuando comienzan una vida relativamente ordenada por exigencias del colegio.

¿Cuánto se necesita dormir?

Antes de considerar algunas ideas sobre cómo acostar a un niño y conseguir que se quede en la cama, los padres deben conocer cuánto necesita dormir su hijo. La figura 1.1 (adaptada de Ferber, 1985) es sólo una guía *aproximada*, ya que los niños varían en sus necesidades de descanso.

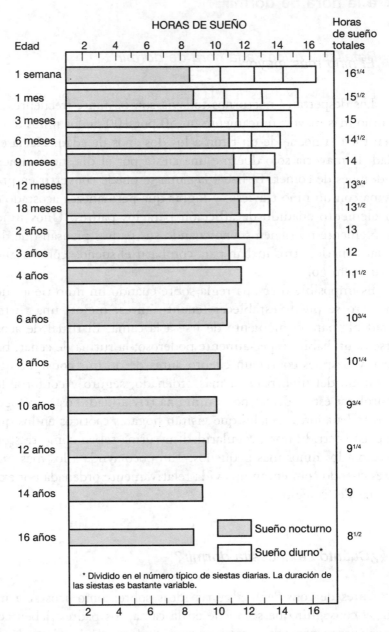

Figura 1.1.—Necesidades de sueño típicas en la infancia (adaptado de Ferber, 1985).

Evaluación de los problemas a la hora de dormir

Batallas y trucos a la hora de dormir

En algunos hogares ir a la cama o a dormir (con independencia de la hora) es una lucha por el control, desde los primeros años de vida del niño hasta los años de escolaridad. Es esencial una evaluación detallada del patrón de sueño y de la conducta a la hora de dormir del niño, así como de las estrategias educativas de los padres para elaborar un plan de tratamiento eficaz conjuntamente con ellos.

El problema a la hora de dormir puede adoptar una de las siguientes cuatro formas:

— *La batalla a la hora de dormir:* El niño rechaza terminantemente irse a la cama en el momento asignado y se opone a todas las peticiones/órdenes/ruegos/avisos para acostarse, haciendo caso omiso/replicando/escapándose/o agarrando una espectacular rabieta.

— *El «juego» de irse a la cama:* El niño se inventa una variedad de trucos para retrasar el instante de irse a la cama, por ejemplo, justo en ese momento tiene que ver unos minutos más de un programa de televisión; necesita dar las buenas noches a todos los muñecos y mascotas de la casa; quiere que le cuenten otro cuento, sólo uno más; precisa ir al servicio de nuevo o beber otro vaso de agua; de repente, se acuerda de algo importante que tiene que decirle a mamá, etc. Algunos niños desarrollan rituales increíblemente elaborados, que exigen mucho tiempo, y en los que los padres tienen que desempeñar un complejo papel antes de que el niño se vaya a dormir.

— *Las «llamadas»:* Algunos niños se acuestan enseguida, pero luego llaman a sus padres una y otra vez para que vayan con ellos, produciéndose la escalada hacia una especie de chantaje emocional, llorando o chillando si no acuden a sus llamadas.

— *Pasarse a la cama de los padres:* Por diferentes razones los niños adquieren el hábito de dormir con sus padres. Incluso en los casos que no tienen miedo resulta un hábito difícil de eliminar. Se podría pensar que con una estrategia simple, estructurada y persistente se lograría que el niño se quedara en su habitación, pero hasta padres con muchos recursos reconocen que este problema les supera.

La ley del mínimo esfuerzo

A veces los padres, completamente agotados y desesperados, consienten que el niño esté en el salón hasta que le venza el sueño. Luego trasladan al niño a la cama, donde es bastante probable que se reinicie la confrontación. Algunos padres se pasan sentados muchísimo tiempo en la cama de su hijo hasta que cae dormido. Otros acceden a la exigencia infantil de dormir en la cama de papá y mamá, e incluso quizá acaben por acostarse más temprano por «la paz en casa».

Sin darse cuenta, los padres enseñan a sus hijos que las acciones coercitivas, ya sean negativas, rabietas o «sutiles trucos», si son suficientemente intensas y/o prolongadas, al final conseguirán salirse con la suya.

Diarios de sueño (véase apéndice III)

Para comprender exactamente qué sucede necesita información detallada. Solicitar a los padres que lleven un diario del sueño y de la conducta a la hora de dormir proporciona una descripción del patrón de sueño infantil y es vital para planificar una intervención efectiva. Unos niños dan guerra a la hora de irse a la cama. Otros todavía duermen la siesta por el día, interfiriendo el sueño nocturno prolongado, de modo que en estos casos es muy útil conocer la pauta a lo largo de las 24 horas. El registro recoge el tiempo total que el niño está despierto durante la noche, incluyendo la frecuencia de despertares y la duración de cada uno; también lo que hace cuando se despierta, por ejemplo irse a la cama de los padres, y las reacciones paternas ante los despertares infantiles.

Rutinas

Al realizar la evaluación es importante recordar que los niños que se niegan a ir a la cama o que se despiertan temprano, a menudo responden a señales inapropiadas sobre la forma de comportarse que se espera de ellos (Douglas, 1989). Prepararse para ir a la cama llega a desconectarse de lo que realmente es acostarse y dormirse. Puede haber un intervalo de varias horas de juego entre ponerse el pijama y quedarse dormido. Las claves para dormirse pueden asociarse al hecho de que los padres se vayan a la cama.

El niño necesita aprender una serie de rutinas que son relativamente breves (como máximo media hora) para prepararse a dormir. Una secuencia regular y relativamente breve de lavarse, cambiarse, beber, cuento, canción y abrazo posibilitan que el niño se relaje y conozca la siguiente etapa del proceso. Los padres tienen que ser *consistentes* en su modo de abordar la hora de irse a la cama. Una historia detallada del problema del niño y del estilo educativo de los padres revela a menudo que los padres utilizan diferentes ideas y métodos. Por ejemplo, pueden haber probado una estrategia durante cierto tiempo pero haberla abandonado demasiado pronto.

Preocupaciones y miedos nocturnos

En algunos casos, cuando los niños dicen que no quieren acostarse o que desean dormir con sus padres durante la noche es porque tienen miedo a la oscuridad, a la soledad o a alguna otra cosa. Todos los niños experimentan miedo durante su desarrollo; entre uno y dos años presentan una serie de temores, incluyendo la ansiedad de separación y el miedo a los extraños. Durante el tercero y el cuarto año de vida emerge el miedo a la oscuridad, a estar solo y a pequeños animales e insectos. Los miedos a los animales salvajes, fantasmas y monstruos empiezan a destacar durante el quinto y el sexto año; y el miedo a la escuela, a sucesos sobrenaturales y a peligros físicos aparecen de los siete a los ocho años. De los nueve a los once años llegan a ser más prominentes los miedos sociales, a la guerra, a la enfermedad, al daño corporal y al fracaso escolar.

Los miedos infantiles evolucionan con la edad y se puede apreciar cómo varios de ellos se relacionan con la ansiedad asociada a irse a la cama: miedo a la oscuridad, a los fantasmas, a la soledad. Algunos niños permanecen despiertos por la noche preocupándose por la escuela, por la muerte, por su salud o la de sus padres y por otros asuntos.

Miedo a la oscuridad

Muchos niños pequeños aprenden a temer la oscuridad, lo que puede causar problemas a la hora de dormir. Al principio no es una experiencia desagradable para el niño pequeño dejarlo en la oscuridad, pero tarde o temprano, sin embargo, cuando le duela la barriga, esté asustado por una pesadilla, tenga hambre, frío o se sienta mojado y molesto, llorará llamando a mamá. Ella acudirá a toda prisa al rescate, encenderá la luz nada más entrar en la habitación y aliviará rápidamente al niño. ¿Qué mejor pauta de condicionamiento para asociar sin darse cuenta la oscuridad con el malestar y la luz con el reforzamiento positivo en forma de una madre reconfortante?

Lo que debería hacer es entrar en la habitación sin encender la luz, hablar y tranquilizar al niño hasta descubrir cuál es el problema, y entonces, si es absolutamente necesario, dar la luz para poner remedio a la situación. Esta secuencia de acontecimientos asegura que no haya una relación directa y repetida entre la llegada o la presencia de la madre y la luz. Si el niño ha aprendido a temer la oscuridad a causa de historias aterradoras de fantasmas y ladrones contadas por los compañeros, obviamente el castigo resulta bastante inapropiado. Al final de este capítulo hay algunos consejos que pueden darse a los padres.

Cómo superar el miedo

El efecto contagioso de la calma y la ausencia de miedo se ha utilizado para extinguir miedos. Los niños de edad preescolar que tenían miedo a los perros han sido tratados con éxito en varias sesiones breves observando a niños sin miedo jugando alegremente con un perro. Los métodos más efectivos usados por los adultos para ayudar a sus vástagos son aquellos que:

— ayudan al niño a desarrollar habilidades para afrontar el objeto o la situación temida,
— hacen que el niño tome contacto activo gradualmente con el objeto o la situación temida,
— brindan al niño la oportunidad de llegar a conocer gradualmente el objeto o situación temidos bajo circunstancias que, al mismo tiempo, le dan la oportunidad tanto de inspeccionarlo como de ignorarlo.

Los métodos que pueden ser útiles para ayudar al niño a que supere sus miedos son:

— explicaciones verbales tranquilizadoras,
— explicación verbal, más una demostración práctica de que el objeto o la situación temida no son peligrosos,
— dar al niño ejemplos de intrepidez respecto al objeto o situación temida (los padres frecuentemente citan el ejemplo de otros niños que no tienen miedo),
— condicionar al niño para que crea que el objeto temido no es peligroso sino agradable.

Autoayuda

Se ha descubierto que los niños pueden superar los miedos, tanto como parte del proceso general de crecimiento como utilizando las siguientes técnicas:

— practicar la superación de su miedo consiguiendo la ayuda de adultos, imaginando una asociación con personajes fantásticos como Superman o sus juguetes favoritos,

— hablar con otras personas acerca de las cosas que temen,
— hablar con ellos mismos (siguiendo la guía del adulto) acerca de la realidad o no realidad de criaturas imaginarias espantosas o eventos fantasiosos, tales como la muerte, que ellos temen.

Pesadillas

Los niños agresivos tienden a tener más hostilidad en sus sueños que los jóvenes más apacibles, y esto puede ser aterrador; los niños ansiosos tienen sueños más infelices y preocupantes. Los niños que han sido separados de sus madres por una larga estancia en el hospital es más probable que tengan pesadillas, aunque no hay efectos evidentes en los sueños de niños que son separados de sus madres pero siguen en su casa. Los sueños desagradables tienden a aumentar cuando un niño está enfermo, con pesadillas vívidas acerca de la muerte, la enfermedad y otros tópicos mórbidos.

Las pesadillas a menudo aparecen tras un trauma como una muerte o un accidente. Cuando se trata de un pequeño trauma, los períodos de tiempo en los que un niño sensible se muestra preocupado suelen ser cortos. El malestar puede aparecer por un cambio de colegio, por el traslado a una nueva ciudad o a causa de los exámenes. Si un niño sufre problemas emocionales, por ejemplo, la separación de sus padres, o un nuevo padrastro, puede tener pesadillas recurrentes, a menudo con temas similares a las preocupaciones diurnas. Los sueños perturbadores tienden a convertirse en un problema particular para los niños con edades entre diez y once años, cuando un tercio o más los experimentan. Para las chicas, las pesadillas muestran un pico en su incidencia a los seis o siete años, llegando a ser menos frecuentes conforme se van haciendo mayores.

Conclusiones

Las estrategias conductuales (programas) del tipo descrito en este capítulo han mostrado ser efectivas para reducir muchos problemas a la hora de dormir (véase Herbert, 1991, 1994; Douglas y Richman, 1984, para una revisión de la evidencia). Un estudio de estos métodos concluyó que tenían éxito en el 90 por 100 de los niños entre uno y cinco años y las mejoras se mantenían a lo largo de un período de cuatro meses de seguimiento. Otro estudio, basado en el mismo formato y llevado a cabo por educadores familiares, encontró una tasa del 68 por 100 de mejora. Usando un manual de técnicas de modificación de conducta (Douglas y Richman, 1985) también se constató que los educadores familiares podían ayudar a que los padres mejoraran los problemas de sueño de sus hijos.

Es muy importante ser consciente de tres complicaciones posibles:

1. Como ya mencionamos, si hay cualquier indicio de problemas de salud que puedan estar influyendo en los problemas de sueño del niño, CONSULTE A SU MÉDICO.
2. Los problemas de un niño para estar solo en la habitación pueden tener su base en el miedo. Véase el apartado *preocupaciones y miedos nocturnos*.
3. El problema puede ser parte de un problema más general y preocupante de oposicionismo. (Una guía sobre este tema es *Desterrando la mala conducta*.)

Hay diversas técnicas conductuales básicas que se pueden aplicar a las dificultades para dormir (Douglas y Richman, 1984; 1995). El consejo es más efectivo cuando se adapta de forma individual a las necesidades de la familia y el niño. Los padres tienen que estar muy motivados para cambiar su estilo de abordaje y conseguir que el procedimiento funcione, pero se les tiene que animar a expresar sus puntos de vista acerca de lo que creen ellos que pueden o no solucionar. Los problemas de sueño requieren una colaboración entre los padres y el profesional para que puedan elegir el método más apropiado y se produzca la cooperación entusiasta que exigen estas tareas.

APÉNDICE I
Interés por el niño

Nombre del niño:
Edad:
Fecha:

La madre, el padre o el cuidador	Valoración			
	Siempre	La mayoría de las veces	Algunas veces	Nunca
¿Responde inmediatamente a las necesidades del niño?				
¿Responde apropiadamente a sus necesidades?				
¿Responde consistentemente?				
¿Interactúa cariñosamente con el niño?				

Respuesta inmediata

Las capacidades de los niños para apreciar las contingencias (asociación) de los acontecimientos con su propia conducta son muy limitadas; un breve intervalo de tres segundos es suficiente para impedir el aprendizaje de la contingencia en bebés de seis meses. Si el adulto tarda más tiempo en responder a las señales infantiles no se da la oportunidad para que el niño aprenda que su conducta influye en su ambiente y, en particular, en la conducta de otras personas.

Respuesta apropiada

Se refiere a la habilidad para reconocer los «mensajes» particulares que el niño intenta comunicar, interpretarlos y reaccionar correctamente.

Consistencia

El ambiente que rodea al niño debe ser previsible; el niño ha de ser capaz de aprender que su conducta produce consecuencias concretas en condiciones concretas.

Interacción cariñosa

Los padres interaccionan con el niño de forma facilitadora y agradable y no de forma entrometida y perjudicial.

APÉNDICE II

Programa de tratamiento clínico para niños con retraso en el crecimiento

El siguiente programa es el que suelen recomendar los profesionales, médicos y psicólogos a los padres con niños con retraso en el crecimiento. Léalo con atención porque puede serle de gran utilidad.

Para más detalles véase Iwaniec et al. (1988).

Etapa I

La alimentación se aborda de forma altamente estructurada y, por tanto, directiva. Los momentos de las comidas tienen que ser más relajados. Se les pide (y se ensaya) a las madres (y/o a los padres) que desistan de gritar, vociferar y amenazar al niño durante las comidas (entrenamiento en autocontrol). El período de comer ha de ser tranquilo y calmado; se solicita a los padres que hablen al niño con dulzura y afecto. Resulta extremadamente difícil para los padres conseguir y mantener este patrón de conducta, de modo que es muy útil que el profesional les muestre, actuando como modelo a imitar, la forma práctica de hacerlo. El profesional da de comer al niño unas cuantas veces y contribuye a tranquilizarle; es posible que también tenga que instar a la madre para que ayude amablemente al niño a comer cuando haya dificultades. Se anima a la madre a mirar, sonreír y acariciar al niño. Si el niño rehúsa la comida, la madre debe dejarlo; si no consigue animarle ni persuadirle con juegos o palabras tiernas, se puede preparar la comida adornándola para que parezca más atractiva. No es aconsejable que los padres pretendan dar de comer al niño cuando se encuentran muy tensos o enfadados.

Etapa II

Esta etapa del programa se discute con detalle; los fundamentos y los métodos se explican a ambos padres. En muchos casos se firma un contrato que especifica las reglas y obligaciones mutuas para la familia y el profesional. En situaciones en que las interacciones son aversivas se anima a la madre (y/o al padre) a jugar de forma exclusiva con el niño cada tarde durante 10-15 minutos la primera semana, 15-20 minutos la segunda y tercera semanas y 25-30 minutos la cuarta y las siguientes. Después de la sesión de la madre/padre con el niño, el resto de la familia se puede unir para una sesión de juego conjunta. Posiblemente haya que demostrar y practicar con los padres la forma de jugar y utilizar los juguetes. Se anima a los padres para que hablen al hijo de manera suave y tranquilizadora, comentando su juego, no dirigiéndolo ni acaparándolo.

También se fomenta que los padres sonrían al hijo, le miren, cojan su mano, le acaricien el pelo y alaben cada conducta positiva del niño. Cuando la conducta infantil es muy tímida el proceso requiere aproximaciones sucesivas. Las aproximaciones tentativas hacia la madre o el padre se moldean mediante una serie de reforzamientos de los pequeños pasos dirigidos al objetivo de buscar la proximidad. Después de unos pocos días o incluso semanas (si las interacciones han sido mutuamente aversivas), se orienta a los padres a buscar el contacto con su hijo, cogiéndolo brevemente y sentándolo en el regazo por intervalos crecientes de tiempo, y finalmente abrazándole estrechamente pero con suavidad mientras le leen, le miran, le describen dibujos, etc.

La terapia exige mucho apoyo a los padres y a toda la familia; visitas y llamadas telefónicas frecuentes para supervisar el programa. Cuando el rechazo y/o la hostilidad son muy fuertes, se puede necesitar tres meses de duro trabajo para el acercamiento padres-hijo hasta que comiencen a disfrutar estando juntos.

Etapa III

La etapa final se planea incluyendo dos semanas de interacción madre/padre-hijo deliberadamente intensificada. Los padres han de relacionarse con su hijo tanto como sea posible. Deben charlar con él siempre que sea posible, independientemente de que comprenda todo lo que se dice o hace. Deben mirarle a los ojos, sonreírle, abrazarle y estrecharlo. Es un período de «sobre-aprendizaje». Además de estar con él durante las actividades cotidianas, deben dedicar tiempo a jugar con todos los hijos, con el objetivo de que el niño participe en el juego con sus hermanos. Por ejemplo a la hora de irse a la cama pueden contar un cuento a todos los hijos.

El programa formal se retira gradualmente en el transcurso de varias semanas. El caso se termina cuando hay datos de que el crecimiento del niño es estable (medido por un pediatra) y de que las interacciones familiares, los sentimientos maternales y las actitudes hacia el niño han mejorado (valoradas cuidadosamente siempre por un profesional).

Apéndice III

Registro para obtener la línea de base

Nombre:
Semana de comienzo:

	Lunes	Martes	Miércoles	Jueves	Viernes	Sábado	Domingo
Hora a la que se despierta por la mañana							
Horas de las siestas							
Hora en que se va a la cama							
Conducta del niño							
Acciones de los padres							
Hora a la que se va a dormir							
Hora en la que se despierta por la noche							
Conducta del niño							
Acciones de los padres							
Hora a la que se va a dormir otra vez y dónde							

APÉNDICE IV
Cuadro de los girasoles

Colorea cada flor para cada tarea realizada correctamente.

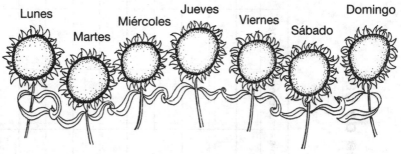

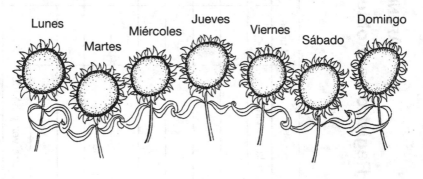

APÉNDICE V
Gráfico de la cara alegre

Dibuja una cara alegre para cada tarea conseguida con éxito.

	Tarea		Semana		Comentarios
Lunes					
Martes					
Miércoles					
Jueves					
Viernes					
Sábado					
Domingo					

	Tarea		Semana		Comentarios
Lunes					
Martes					
Miércoles					
Jueves					
Viernes					
Sábado					
Domingo					

Cómo hacer frente a los problemas de alimentación

Los padres tendemos a servir cantidades de comida basándonos en lo que creemos que debería comer el niño más que en sus necesidades reales o en su apetito. Puede ocurrir que no tenga hambre y se resista a tragarse la comida a la fuerza. Por tanto, siempre que sea posible, permítale servirse sus propias raciones. Si le deja opinar acerca de la comida que le sirve es posible que el conflicto sobre cuánto debe comer se reduzca. Con niños muy pequeños es más acertado servir pequeñas cantidades, menos de lo que probablemente quieren comer. Este proceder induce una sensación de logro; es preferible que pidan más comida a que se quejen de que no pueden más o de que no acabarán la que hay en el plato.

Estrategias para ayudar a su hijo a comer

Ofrezca elecciones limitadas

Si su hijo es caprichoso con las comidas y se resiste más de lo habitual a comer de lo mismo que el resto de la familia, puede darle a elegir entre lo que come la familia y otro tipo de comida nutritiva que le guste. La elección debe hacerse antes de cada comida, para que usted no se vea forzado a preparaciones de última hora. El ofrecerle una alternativa proporciona a su hijo una vía para salvar las apariencias y evitar el conflicto.

Una elección limitada introduce la idea del compromiso; el ofrecimiento de opciones indica que está dispuesto a darle a su hijo un margen de maniobra para negociar de manera responsable.

Premie el comer bien y los buenos modales en la mesa

Ya que las riñas y las críticas en realidad refuerzan los problemas de alimentación y fomentan las luchas por el poder, encuentre oportunidades (sin exagerar) para alabar a otro hijo que se está comportando apropiadamente. Por ejemplo, felicítele por permanecer sentado, usar los cubiertos correctamente y hablar con tranquilidad. Cuando el hijo travieso coma de la forma deseada, destaque inmediatamente el hecho. Puede decirle, *«estás haciéndolo muy bien, enhorabuena por comerte tu cena»*, o *«estoy realmente contento de que seas capaz de tomarte la comida como un niño mayor»*.

Cuando se presta atención a los buenos modales en vez de a los malos, los niños aprenden que no merece la pena portarse mal.

Disponga un tiempo limitado para las comidas

Algunos niños eternizan las comidas masticando muy despacio, quejándose a cada bocado y jugando con la comida. En lugar de permitir que las comidas se alarguen, acuerde una cantidad de tiempo razonable para que el niño termine de comer, quizá entre 20 y 30 minutos. Explíquele antes del plazo de tiempo fijado que cuando el reloj suene se retirarán los platos. Un gráfico con estrellas o pegatinas, otorgadas como premios por comer bien, constituyen un incentivo poderoso si se establece un horario para el canje de un cierto número de pegatinas por una recompensa.

CONSEJOS PARA PADRES 2
Cómo hacer frente a los problemas a la hora de dormir

Advertencia al profesional

A continuación se incluye una serie de programas para comentarlos con los padres. Es deseable tenerlos mecanografiados o fotocopiados como folletos de ayuda. No es suficiente proporcionar instrucciones a los padres; hay que tener en cuenta detenidamente su opinión sobre los aspectos prácticos (y las posibles dificultades) de cada paso; sobre los medios para resolver problemas como los retrocesos; y (lo más importante) sobre la adaptación del programa a las circunstancias del niño concreto y de su familia.

Las orientaciones ofrecidas son más efectivas cuando ambos padres están de acuerdo con las normas para que el niño se acueste, son consistentes al aplicar el programa y se muestran firmes sin llegar a ser punitivos. Esta estrategia parte de la base de que la hora de acostarse elegida es razonable para la edad del niño, y que los padres han dispuesto las cosas para que el horario no coincida en medio de su programa favorito de televisión. Un supuesto adicional es que el niño duerme en su propia habitación.

Se requiere una cuidadosa valoración clínica antes de recomendar la estrategia III. No está indicada si el niño está muy ansioso (véase el apartado «Preocupaciones y miedos nocturnos» de este capítulo) o si se da una situación de hostilidad y/o rechazo de los padres.

Estrategias para afrontar los problemas a la hora de dormir

Para planificar un horario de dormir razonable tiene que determinar cuánto necesita dormir su hijo. Puesto que las necesidades son individuales, es inútil ser demasiado rígido (la figura 1.2 suministra una pauta genérica). Por ejemplo, si piensa que su hijo

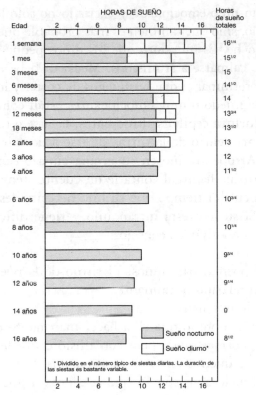

Figura 1.2.—Necesidades de sueño típicas en la infancia (adaptado de Ferber, 1985).

de seis años necesita unas diez horas de sueño y normalmente se levanta a las 8 de la mañana, entonces su hora de dormir serían las 10 de la noche. A mayor edad del niño, mayor margen de maniobra. A continuación ofrecemos varias estrategias útiles para enfrentarse a los problemas a la hora de irse a la cama.

Estrategia I: Consiga que su hijo se vaya a la cama

Paso 1: Avise a su hijo que se aproxima la hora de irse a la cama unos 15 minutos antes (ponga un despertador para que suene y avise si su hijo es pequeño).

Paso 2: Disponga todo de modo que los momentos antes de irse a la cama sean tranquilos para que el niño no esté sobreestimulado. A un niño emocionado y excitado no sólo le cuesta más coger el sueño, sino que también es más probable que se despierte durante la noche. Es muy raro que los niños pequeños posean la capacidad de calmarse a sí mismos. Mecer al bebé es una forma agradable de terminar el día. Los juegos de correr y los programas televisivos de miedo o muy emocionantes están contraindicados.

Paso 3: Incluya cepillarse los dientes, lavarse o bañarse, y ponerse el pijama dentro de la rutina de irse a dormir.

Paso 4: Arrope al niño en su propia cuna o cama. Si forma parte de su rutina habitual contarle un cuento, téngalo en cuenta cuando calcule el tiempo que su hijo necesita descansar.

Paso 5: Si su hijo está intranquilo y tiene dificultades para calmarse, he aquí algunos consejos:

- Léale poemas para niños. El ritmo de la poesía posee un efecto relajante y calmante.
- Cántele una nana.
- Háblele sobre lo que va a hacer mañana. Si es algo fuera de lo normal que espera con ilusión, dígale que cuanto antes se duerma antes llegará mañana.
- Entréguele algo con lo que se sienta a gusto, como un chupete, un osito de peluche o una manta para abrazarla.
- Ponga música suave y relajante.

Paso 6: Despídase hasta mañana por la mañana, bésele, déle las buenas noches, apague la luz y salga de la habitación.

Existe otra estrategia que puede hacer falta cuando un niño pequeño no puede o no quiere calmarse por la noche, cuando usted se siente ansioso por esta causa, no soporta oírle llorar o tiene dificultades para poner límites a la conducta de su hijo. Exige planificar una secuencia de pequeños cambios que se combinan para conseguir el objetivo general. Un buen ejemplo es el niño que para dormirse necesita que le mezan o le acaricien cuando se acuesta y cada vez que se despierta por la noche. Una vez que usted haya decidido enseñar al niño a quedarse dormido sin ayuda, se acuerda un plan con varias etapas para calmarlo. Se diseña el conjunto de pasos de modo que el niño no proteste excesivamente y los padres se sientan seguros de los pequeños límites que han fijado. El punto de partida varía de acuerdo con la pauta establecida por cada familia sobre cuándo alentar a su hijo a calmarse para dormir.

Debe seguir cada uno de estos pasos graduales durante dos o tres noches antes de pasar al siguiente:

— Quédese de pie, en silencio, y coja al niño mientras se duerme.
— Siéntese y coja al niño.
— Ponga al niño sobre un cojín en su regazo y manténgalo cogido.
— Póngalo en su cuna, apóyese en la barandilla y tóquelo.
— Afloje el contacto mientras permanece reclinado sobre la barandilla de la cuna.
— Siéntese junto a la cuna y cójale las manos a través de los barrotes.
— Siéntese junto a la cuna pero sin tocar al niño.
— Siéntese separado de la cuna y sin mirar al niño.
— Siéntese en la habitación pero fuera de su vista.
— Permanezca de pie en la puerta de la habitación.
— Permanezca de pie fuera de la habitación.

El proceso de separación gradual del niño implica que los padres interactúen menos y disminuyan el contacto físico.

Nota para los padres

Intercambie con su pareja la rutina de llevarlo a dormir y así el niño no insistirá en que le lleve a la cama siempre la misma persona. En la primera infancia cuando todo parece suscitar resistencia, dé posibilidades de elección siempre que sea posible, tales como, *«¿Quieres el osito o el hipopótamo para dormir esta noche?»*.

Estrategia II: Cuando su hijo no quiere quedarse en la cama

Enseñar a su hijo pequeño a irse a la cama por sí solo puede requerir un esfuerzo considerable. Las primeras noches resultan agotadoras, pero con determinación por su parte el proceso de entrenamiento debe funcionar. Son importantes los siguientes puntos.

Paso 1: Preparándose para ir a la cama. Debe ser un momento agradable y tranquilizador para su hijo, con un horario y una rutina bien establecidos.

Paso 2: Preparándose para dormir. Debe llevarse a cabo con el niño ya en la cama. Lean juntos un cuento o dos y charlen un rato. A continuación explíquele la nueva rutina. La parte final de esta etapa incluye arroparle, besarle y decirle de manera serena, pero firme, *«Buenas noches, que tengas felices sueños, hasta mañana».*

Paso 3: Durante las primeras horas. Si llora o le llama, ignórele —a menos que sea una señal de urgencia o de mucho miedo— hasta que salga de la cama. Cuando se levante y vaya donde usted se encuentra (previamente se ha asegurado que todo está bien), llévelo de vuelta a su habitación, sin aspavientos. Métalo en la cama sin inmutarse. Dígale, *«debes quedarte en la cama, tengo cosas que hacer. Si te levantas, te traeré de vuelta otra vez».*

Paso 4: Esta acción tiene que repetirse de forma consistente cada vez que se levante. Préstele la menor atención posible (por ejemplo, conversación o abrazos) mientras ejecuta esta rutina.

Paso 5: Pegue un gráfico en el que cada recuadro equivale a una noche de la semana. Si no se levanta, marque una señal en el recuadro correspondiente y ponga una cara alegre o alguna otra pegatina. También puede dejarle que coloree una parte de un dibujo. Alabe efusivamente cada uno de sus logros. Prométale una recompensa especial para el fin de semana, como invitar a un amigo a merendar a casa o realizar una visita al parque, por completar el gráfico o el dibujo, momento en que debe quitarlo de la habitación del niño y colocarlo en un lugar de honor en el salón. Si se levanta alguna noche, repita los pasos 3 y 4 con *persistencia incansable.*

Estrategia III: Cuando su hijo se despierta frecuentemente y le llama o se pasa a su cama por la noche

Algunos niños se acuestan y, al principio, permanecen en la cama bastante conformes. Sin embargo, después de dormir un rato se despiertan de repente y llaman o lloran reclamando su presencia, normalmente poco después de que usted acabe de quedarse dormido. Cuando sucede esto, permanecen despiertos durante un rato, interfiriendo seriamente el descanso de los padres. Con el niño que continúa llamando, llorando o pasándose a la cama de los padres, más por capricho que por necesidad, y todos los métodos anteriores han fracasado, usted puede terminar teniendo que dejar que llore, aunque no todo el mundo está de acuerdo con este severo método. Con todo debe de aprender a ignorar el llanto hasta que el niño se duerma. Algunas veces, los niños pueden llorar durante horas si este método de ignorar ha fallado previamente y por eso debemos hacerle ver lo difícil que le va a resultar esta vez. Si se siente especialmente molesto con el llanto, compruebe rápidamente que el niño está bien, pero no le consuele ni le acaricie. Simplemente dígale con firmeza que se vaya a dormir. ¡Nada de discusiones interminables!

Éste es un método difícil de usar para algunos padres, ya que el niño puede llegar a estar muy angustiado y puede ponerse malo de tanto llorar. Puede ir a limpiar al niño y cambiarle la ropa de la cama, pero debería hacerlo con el mínimo ruido, meter de nuevo al niño en la cama y salir de la habitación. Si elige utilizar este método, le avisamos de que el problema puede empeorar si se da por vencido.

Si duda de su fuerza para aplicarlo o tiene objeciones por razones éticas, entonces no debería empezar a utilizarlo.

Paso 1: Antes de que el niño se acueste, dígale que si se despierta durante la noche debe quedarse en la cama.

Paso 2 (Le llama): Si la primera llamada *no* es angustiosa, *IGNÓRELA* (es más fácil decirlo que hacerlo, por supuesto). Al principio llorará durante cierto tiempo, pero si cede y acude después de un rato, su hijo aprenderá que todo lo que tiene que hacer es armar follón lo suficientemente fuerte o duradero para que mamá o papá vayan corriendo.

Paso 3: Ignore las demandas poco razonables, o sea, estratagemas para llamar la atención o manipular la situación. Por ignorar se entiende:

- nada de charlas ni discusiones prolongadas;
- nada de comida ni bebida (tenga un vaso de agua o zumo en la habitación del niño);
- nada de diversión (tenga a mano algunos muñecos en la habitación para que el niño se pueda entretener él solo);
- nada de vigilancia que revele preocupación (frecuentes visitas a la habitación del niño).

Paso 4 (Se pasa a su cama): Si su hijo se levanta y va a la habitación de usted, devuélvalo *inmediatamente* a su cama. *No* diga nada, *no* le abrace *ni* le bese.

Paso 5: Repita esta operación tantas veces como sea necesario. Al principio su hijo se levantará a menudo, pero si persiste y se ciñe a esta rutina ganará. Es importante que lleve al niño a su cama de nuevo tan pronto como sea posible. Una campana o un carillón en la puerta del dormitorio infantil le avisará que se ha levantado y le permitirá intervenir antes de que se meta en la cama de usted.

Paso 6: Por la mañana, sin hacer caso de las veces que se haya levantado, dígale lo mayor que es por haber dormido toda la noche en su cama. Se recomienda darle un incentivo a la mañana siguiente si el niño ha permanecido toda la noche en su cama.

▌*Estrategia IV: Una alternativa light*

Algunos padres no aguantan el malestar que sienten, ni la angustia que creen que su hijo experimenta al aplicar el procedimiento descrito en el apartado anterior. No soportan que el niño llore mucho tiempo, sobre todo si se pone histérico. Para estos casos sugerimos la siguiente alternativa.

Paso 1: Si considera que debe entrar a la habitación, empiece el proceso gradualmente. Primero espere unos minutos, en vez de entrar precipitadamente a calmar a su hijo.

Paso 2: Préstele la *mínima* atención. Arrópele, tranquilícele sólo verbalmente, incluyendo el mensaje de que es hora de irse a dormir y que verá a mamá y a papá por la mañana. Toque al niño ligeramente, por ejemplo una caricia, pero no alargue la conversación ni los abrazos.

Paso 3: Sea consistente y evite la tentación de darle de comer o cogerle.

Paso 4: Vaya a verle cada quince minutos para tranquilizarle y darle una palmadita en la espalda (para que no se sienta solo). No lo coja ni lo abrace.

Una variante de esta estrategia es esperar después de la primera llamada, por ejemplo tres minutos; la siguiente vez, cinco minutos; luego diez, quince y así sucesivamente hasta no responder.

Es posible que estime que estos procedimientos son un tanto drásticos, sin embargo con mucha frecuencia son necesarios para romper hábitos muy establecidos de falta de colaboración para ir a la cama. Necesitará hacer un gran esfuerzo al principio, especialmente para ignorar los llantos repetidos de su hijo. Una buena idea es subir el volumen de la televisión o poner música para distraerse. Suele ser difícil mantenerse firme; experimentará sentimientos contradictorios cuando intente convencerse de que debe ser consistente —culpa, ansiedad, y, por supuesto, agotamiento—. Pero es normal tener que invertir tiempo y energía. Si ambos padres siguen estrictamente estas estrategias es probable que el éxito se obtenga en pocos días. Es importante que cuando su hijo empiece a irse a la cama sin molestar, le diga lo encantado que está usted con él y lo mayor que se está haciendo.

Estrategia V: Incentivos (reforzamiento positivo)

Con niños más mayores, las recompensas reales y simbólicas, por ejemplo puntos o pegatinas canjeables por regalos o recompensas materiales, pueden ser efectivas para fomentar la conducta apropiada de ir a la cama. Hay ciertas cuestiones que es crucial que se consideren y que se presentan a continuación, junto con una discusión de las estrategias de tratamiento que podrían surgir.

Pregunta 1: *¿Prestan atención al buen comportamiento de su hijo a la hora de acostarse?*

Algunos padres *se acuerdan* de recompensar («reforzar») las conductas adecuadas de irse a dormir como se aprecia en el siguiente ejemplo:

Antecedentes	Conducta	Consecuencias
La madre le pide a María que recoja sus juguetes y que se acueste	María obedece	La madre abraza a María y le da las gracias

Comentario: Como la recompensó socialmente es probable que María se vaya a la cama cuando su madre se lo vuelva a pedir. ¿Qué conducta concreta dèsea fomentar, fortalecer o aumentar en su hijo a la hora de acostarse? Para mejorar o aumentar la realización de ciertas acciones piense cómo arreglar las cosas para que la ejecución de la conducta deseada vaya seguida de algo reforzante, como una actividad con la que su hijo disfrute. Por ejemplo puede decir: *«si te pones el pijama y te metes en la cama, entonces te cuento un cuento y te doy una pegatina para tu libreta de puntos».* Ésta es la útil regla «si-entonces», también denominada regla «primero-después».

Pregunta 2: *¿Ignoran el buen comportamiento de su hijo a la hora de acostarse?*

Algunos padres *olvidan* recompensar («reforzar») las conductas deseables a la hora de ir a dormir como muestra el siguiente ejemplo.

Antecedentes	Conducta	Consecuencias
Tomás se comprometió a irse a la cama en adelante sin rabietas	Tomás cumplió de mala gana, pero mantuvo su palabra la noche siguiente sin replicar	Su madre no mostró ninguna señal de reconocimiento por haber cumplido lo prometido

Comentario: Es probable que Tomás no respete su trato en el futuro. ¿Quizá su madre no se percató de la cooperación y obediencia de su hijo porque estaba demasiada ocupada? No es preciso grandes discursos ni regalos. Un signo de agradecimiento, una palabra de felicitación, son suficientes para obrar maravillas.

Pregunta 3: *¿Pasa por alto el comportamiento inaceptable de su hijo a la hora de acostarse?*

Algunos padres ignoran o hacen la vista gorda constantemente ante acciones inapropiadas a la hora de irse a dormir sus hijos, permitiendo inadvertidamente que las circunstancias refuercen la conducta inadecuada, como en el siguiente ejemplo.

Antecedentes	Conducta	Consecuencias
El padre manda a Desiré que se vaya a la cama	Desiré no hace caso	Nada. La madre se calló; el padre se encogió de hombros y dijo: «¿y qué hago?»

Comentario: No es ninguna sorpresa que Desiré no obedezca la próxima vez. De todas maneras se sale con la suya. ¿Deja a veces sin advertir o sancionar las conductas inaceptables de su hijo? Los mejores resultados se obtienen cuando se usa el refuerzo por obedecer y el castigo por desobedecer.

Estrategia VI: Cómo aplicar un castigo: coste de respuesta

El uso del coste de respuesta implica aplicar un castigo cuando el niño no obedece. Consiste en quitar recompensas disponibles; por ejemplo, no permanecer en la cama conlleva la pérdida del privilegio de ver la televisión.

Veamos el caso de Bruno, un niño hiperactivo extremadamente problemático y escandaloso a la hora de irse a la cama, que se levantaba y salía continuamente de su habitación. Hacía la vida imposible a sus padres, que tardaban horas en acostarle, discutiendo con él o más frecuentemente cediendo, de modo que el niño acababa yéndose a la cama medio dormido cuando sus padres se acostaban.

El método de coste de respuesta se explicó a sus padres del siguiente modo: «Para conseguir que Bruno deje de comportarse tan negativamente, dispongan las cosas de forma que la mejora de su conducta ponga fin a una situación moderada, pero significativamente desagradable». Los padres lo planificaron del siguiente modo: colocaron en la repisa de la chimenea un bote con una cantidad de canicas equivalente a la paga semanal más una bonificación extra. Cada vez que se levantaba de la cama le costaba una canica, que equivalía a una cantidad específica de dinero. En una semana buena Bruno podía aumentar su paga sustancialmente; en una semana mala, podía reducirla a cero. Evidentemente el «coste» de las trasgresiones era bien visible para el niño. Como siempre las sanciones se contrapesaban con recompensas —un regalo especial si dejaba de levantarse varias noches en una semana—. El castigo únicamente informa a los niños sobre lo que no deben hacer, pero no sobre lo que se desea que hagan.

Consejos para padres 3
Miedo a la oscuridad

Si su hijo tiene miedo a la oscuridad y se pasa a su habitación por la noche, en primer lugar déjele un flexo encendido mientras se duerme, apáguelo cuando se haya dormido, y deje la puerta abierta con una luz encendida fuera para que si se despierta no se encuentre totalmente a oscuras. Cada noche traslade la lamparita más lejos hacia la puerta y fuera de la habitación (si posee un regulador, utilícelo para graduar el proceso). Para evitar el malestar repentino del niño preséntelo como un «juego». Asegúrese de que sabe cómo dar la luz por si quisiera encenderla. Cuando se quede dormido apáguela de nuevo. Como la situación se encuentra bajo el control del niño no le entrará terror. Con la suficiente paciencia por su parte, su hijo se cansará de abandonar la comodidad de la cama para encender la luz, y decidirá (esperemos) que es más provechoso y sensato volver a dormirse con la luz apagada.

CONSEJOS PARA PADRES 4

Cómo combatir las pesadillas

El mejor modo de proceder ante una pesadilla consiste sencillamente en sentarse con su hijo cuando se haya calmado, preferiblemente hasta que casi esté dormido otra vez. No le hable en ese momento sobre el mal sueño o los miedos que se esconden tras él. Sin embargo, al día siguiente, cuando el niño esté tranquilo, anímele a que cuente su pesadilla. No le fuerce si es incapaz de describirle con detalle su sueño. El mero hecho de compartir el miedo ya le ayuda, pero además usted puede descubrir a través de los sueños repetidos las claves de lo que preocupa a su hijo. Si el niño es demasiado pequeño para verbalizar sus miedos, cuando le tranquilice no insista en que le hable del sueño. Si su hijo percibe que usted está alterado o preocupado, conseguirá únicamente agravar el problema.

Entrenamiento en control de esfínteres, enuresis y encopresis

Introducción

Propósitos

Este capítulo va dirigido a aquellas personas que trabajan con padres y niños, principalmente a los profesionales de la salud (médicos, psicólogos, enfermeras) y trabajadores sociales, a los cuales pueden acudir padres preocupados acerca de cuándo y cómo enseñar a sus hijos a controlar esfínteres, e incluso acerca de si han de hacerlo.

Está destinado también a estos mismos profesionales de los servicios sociales y de salud que se encuentran con padres aún más preocupados porque sus hijos no han conseguido con éxito el control de esfínteres, o han perdido estas habilidades.

El enfoque de este trabajo se basa en el *modelo de colaboración*. Es la orientación preferida para llevar a cabo una terapia o un entrenamiento, estando probado que la colaboración con los padres en el esfuerzo terapéutico no sólo es más efectivo con los problemas de conducta y las dificultades como la incontinencia que el modelo experto, sino que también es más aceptado por los padres y por el niño (Webster-Stratton y Herbert, 1994).

Este texto es introductorio, es decir *básico,* y debe usarse junto con instrucciones adicionales mediante talleres y lecturas en el caso de principiantes y como fuente de información y lectura para una práctica supervisada. A lo largo del texto se resaltará la necesidad de exámenes médicos cuando sean precisos.

Objetivos

Después de leer este capítulo podrá contestar las preguntas de padres y cuidadores sobre el entrenamiento en control de esfínteres, y las siguientes tres preguntas clínicas que son claves en la enuresis y encopresis:

1. ¿Qué es la enuresis y encopresis y cuáles son sus consecuencias?
2. ¿Por qué algunos niños no consiguen el control de esfínteres o lo pierden después de adquirirlo inicialmente?
3. ¿Cómo se puede ayudar a un niño a dejar de hacer pipí o caca en la cama: o mejor todavía, cómo ayudar a los padres y al niño a ayudarse ellos mismos?

Más específicamente, sabrá:

— Describir y reconocer (diagnosticar) la enuresis y encopresis y sus diversas manifestaciones.
— Evaluar las características principales: físicas, psicológicas, sociales y emocionales.
— Formular las pautas causales de los problemas generales de incontinencia y los determinantes de los casos específicos.
— Saber si es necesario y cuándo enviar a un niño a un especialista para una evaluación adicional (por ejemplo, médica) y/o tratamiento (por ejemplo, psicológico).
— Planificar, iniciar y continuar un programa de entrenamiento (un programa conductual basado en la teoría del aprendizaje social) para eliminar la enuresis y la encopresis.

Entrenamiento en control de esfínteres

El término «entrenamiento en control» se utiliza habitualmente para describir los pasos que los padres llevan a cabo para ayudar a sus hijos a desarrollar el control intestinal y vesical (un logro físico) y enseñarles dónde evacuar (una habilidad social). El entrenamiento en control es una de las tareas del desarrollo más significativa de la primera infancia. Dollard y Miller (1950) lo expresaron así:

> En un corto espacio de tiempo el niño pequeño debe aprender, bajo pena de perder la estima de su madre, a atribuir ansiedad a todas las señales producidas por los materiales de excreción, a su vista, olor y tacto... y depositar las heces y la orina únicamente en lugares prescritos y secretos, y limpiar su cuerpo. Debe aprender, más tarde, a suprimir referencias verbales innecesarias sobre estos temas.

El control intestinal se adquiere antes que el control vesical y la secuencia de desarrollo es generalmente la siguiente:

Estadio 1: Control intestinal *nocturno.*
Estadio 2: Control intestinal *diurno.*
Estadio 3: Control vesical *diurno.*
Estadio 4. Control vesical *nocturno.*

La secuencia puede variar entre niños: algunos adquieren el control intestinal y vesical simultáneamente, y las niñas tienden a ser más rápidas que los niños en llegar a controlar esfínteres.

Podemos considerar a un niño «entrenado en control» cuando es capaz de utilizar el aseo (u orinal) de forma razonablemente independiente, quizá con ayuda para limpiarse. Muchos padres hacen que el entrenamiento en control resulte contraproducente al intentarlo de una manera demasiado rígida, demasiado pronto o demasiado tarde y, entonces, estalla la guerra con el pequeño.

Conocer las «normas» (lo que se espera en el desarrollo normal), especialmente el amplio rango de las diferencias individuales, ayudará a los padres a sentirse un poco menos apresurados y más relajados respecto a esta tarea de enseñanza.

Desarrollo normal

La edad a la que los niños adquieren el control de esfínteres varía mucho entre culturas y dentro de nuestra propia cultura, dependiendo de las expectativas de los padres.

Weir (1982) en un estudio con 706 niños de tres años realizado en un municipio de Londres obtuvo los siguientes resultados:

— El 23 por 100 de niños y el 13 por 100 de niñas se orinaban encima durante el día (más de una vez por semana).
— El 55 por 100 de los niños y el 40 por 100 de las niñas se meaban por la noche en la cama.
— El 21 por 100 de los niños y el 11 por 100 de las niñas se «ensuciaban» (es decir, se hacían caca encima al menos una vez en el mes anterior).

Desarrollo normal del control intestinal

La mayoría de los niños adquieren el control intestinal, tanto diurno como nocturno, entre los tres años y medio y los cuatro años de edad; por tanto, los cuatro años es la edad mínima realista para decidir si hay un problema en el control intestinal (encopresis).

Desarrollo normal del control vesical

En algunas culturas la enuresis no se considera un problema, y en otras el estar seco por la noche se considera una importante tarea del desarrollo que debe lograrse lo más pronto posible. El recién nacido viene al mundo con la incapacidad de controlar su vejiga; el desarrollo del bebé es tal que cuando su vejiga se llena de orina, se dispara la acción refleja o automática y la vejiga se vacía a cualquier hora del día o en cualquier lugar. A medida que crece el niño, consigue controlar de tal forma que puede «aguantarse» cuando tiene la vejiga llena, y demorar la micción hasta que llegue al aseo. A los 5-7 años, del 2 al 4 por 100 de los niños se mean encima durante el día al menos una vez a la semana, y aproximadamente el 8 por 100 lo hacen al menos una vez al mes. La mayoría de los niños transfieren a la noche el control que aprenden durante el día; aprenden a aguantarse toda la noche o a despertarse cuando su vejiga se llena y van solos al aseo. No hay una edad fija a la que los niños dejan de mojar la cama, pero hay un descenso gradual del número de niños que mojan la cama; desde todos los niños al nacer, a 1 o 2 de cada 100 niños a los 15 años (véase tabla 2.1). La edad de cinco años es una edad mínima realista para considerar que puede existir un problema de control vesical (enuresis diurna o nocturna).

TABLA 2.1
Frecuencia de enuresis

Edad en años	Número aproximado de niños por cada 100 que mojan la cama
2	75
3	40
4	30
5	20
6-9	12
10-12	5
15	1-2

James Anthony (1957) describe las complejidades del proceso de aprendizaje para el niño del siguiente modo:

> Desde el punto de vista del niño, el ritual de ir al aseo, tal y como lo practican los adultos de nuestras comunidades compulsivas, debe parecer la mayoría de las veces como una experiencia exigente que se distancia mucho de las simples evacuaciones en el orinal. Con la ayuda materna, el niño tiene que darse cuenta a tiempo de las señales de la defecación, de dejar de jugar, suprimir el deseo de la excreción inmediata, buscar y encontrar un lugar apropiado para su propósito, asegurarse de la intimidad adecuada, desabrocharse la ropa, colocarse en el retrete... reconocer el punto final del acto, limpiarse satisfactoriamente, hacer funcionar el retrete, abrocharse la ropa, abrir la puerta y reanudar con éxito su juego interrumpido en el punto donde lo dejó.

Habilidades de aseo

Las habilidades de aseo incluyen a las siguientes:

— Usar palabras (por ejemplo, pipí/caca) para la orina y las heces, y para los lugares donde se depositan (por ejemplo, orinal, retrete).
— Sentarse en el retrete.

— Ir al retrete (por ejemplo, indicárselo al cuidador, ir sin ayuda).
— Desabrocharse y abrocharse/limpiarse cuando va al retrete.
— Tener control (continencia).

Alison Tierney (1973) proporciona un análisis de las habilidades de aseo. El desarrollo de cada una de estas habilidades se puede desglosar en etapas.

Control

1. El niño utiliza el retrete cuando se le coloca en él y es incontinente el resto de las veces.
2. El niño ha establecido alguna regularidad y utiliza el retrete más frecuentemente que las veces en que es incontinente.
3. El niño orina en el retrete de forma regular y tiene episodios de incontinencia sólo de manera infrecuente.
4. El niño orina sólo en el retrete y es continente el resto del tiempo.

Sentarse

1. Se coloca al niño en el retrete y se le contiene para que esté sentado.
2. Al niño se le pone en el retrete y se le sienta sin contenerle.
3. Se le ayuda al niño para sentarse en el retrete y se sienta sin forzarle.
4. El niño se sienta en el retrete de forma independiente.

Vestirse

1. El niño coopera pasivamente cuando se le quita la ropa.
2. El niño asiste activamente cuando se le desviste.

3. El niño se quita o intenta activamente quitarse algo de ropa.
4. El niño se quita la ropa de forma autónoma.

Ir al aseo

1. Se lleva al niño al retrete.
2. El niño indica su necesidad de orinar.
3. El niño pide ir al aseo.
4. El niño va al aseo de forma autónoma.

El orden en que los niños alcanzan las diferentes habilidades es, como hemos visto (página 72), variable, algunos aprenden rápidamente, otros lentamente y un número reducido no lo logran. A continuación ofrecemos unas tácticas para facilitar las primeras etapas:

— Anticipar al niño que es regular (sentarlo en el orinal en el momento esperado o cuando son visibles los signos indicadores [por ejemplo, la cara roja]).
— Convertir el sentarse en el orinal como parte de la rutina matutina (antes de vestirse) y de la rutina nocturna (a la hora de acostarse).
— Elogiar el éxito (y el esfuerzo).
— Aumentar gradualmente la frecuencia del uso del orinal (evitando la fuerza y las «sentadas» demasiado largas y aburridas).
— Animar al niño a que haga saber a los cuidadores cuando se ha orinado o ha evacuado. La conciencia de estar «mojado» o haberse ensuciado precede a la conciencia de «impedir» orinarse o defecar.
— Con el tiempo quitarle los pañales.
— Enseñar al niño a ayudar (y con el tiempo que lo haga solo) a bajarse y subirse los calzoncillos o braguitas.
— Recordarle al niño que pida si quiere el orinal; esto significa tenerlo a mano cuando pueda necesitarlo.

— Utilizar generosamente el elogio y el ánimo por intentarlo y lograrlo; evitar la crítica y el castigo.
— Finalmente, ir utilizando un retrete adaptado al niño (puede ser necesario un escalón para que llegue).

Mecanismos de control

El control de la evacuación (véase Consejos para padres 4) conlleva la inhibición de procesos que son, en principio, completamente involuntarios. Los músculos del niño deben madurar hasta que estén lo bastante fuertes y coordinados para retener los productos de desecho que están intentando salir de su cuerpo. De todos los músculos de la región del tronco, aquellos que controlan los órganos de la evacuación son los que pasan más lentamente bajo control voluntario.

Se ha comprobado que el tiempo total necesario para completar el entrenamiento en control de esfínteres es más corto cuando se inicia relativamente tarde. Sears, Maccoby y Lewin (1957) demostraron que cuando las madres comenzaron el entrenamiento en control de esfínteres antes de que el niño tuviera cinco meses, necesitaban casi diez meses (de media) para conseguirlo. Sin embargo, cuando el entrenamiento se empezaba más tarde (a los 20 meses de edad o más) sólo necesitaban unos cinco meses. Los niños cuyo entrenamiento se inició entre los 5 y 14 meses o después de los 19 meses manifestaron menos reacciones emocionales durante el entrenamiento.

Se espera que los niños ya hayan adquirido el control satisfactorio de la vejiga durante el día cuando comienzan la escuela. Los padres y maestros pueden tolerar escapes ocasionales en la guardería, pero, más adelante, es probable que un niño incontinente sea sometido a una creciente presión social. Quizá no resulte sorprendente que algunos niños no aprendan el control de la vejiga en los primeros años, o pierdan fácilmente (especialmente cuando están bajo estrés) su capacidad de controlar por la noche. Tal vez deberíamos sorprendernos de que muchos se las arreglen para aprender una habilidad tan complicada. Es probable que las experiencias desagradables que conllevan estrés hagan el aprendizaje del control de esfínteres (como de otras habilidades) más difícil.

La capacidad de permanecer seco por la noche ocurre normalmente después de aprender a permanecer seco durante el día. Casi el 70 por 100 de los niños poseen esta habilidad a los tres años de edad, pero algunos niños no comienzan a desarrollar el control nocturno hasta después de los tres años; por tanto, no hay necesidad de preocuparse si un niño tarda más en lograr el control.

Niños con dificultades de aprendizaje

Casi todos los estudios realizados desde los años sesenta sobre el entrenamiento en control de esfínteres diurno para niños (y adultos) con dificultades de aprendizaje se han llevado a cabo dentro de un marco *operante* (programa de refuerzos) o de *estímulo-respuesta* (condicionamiento clásico) (véase Smith y Smith, 1987). Se ha demostrado que estos métodos son efectivos. Sin embargo, cuando se trata de los niños en una institución, debe prestarse atención a otros factores; por ejemplo, las actitudes de la plantilla, las instalaciones de sanitarios, etc. El programa de encadenamiento hacia atrás (véase a continuación) o el programa de entrenamiento rutinario descrito en el apéndice I pueden resultar de ayuda.

Mancharse

Los niños que muestran retraso intelectual, en ocasiones se manchan con las heces, ante la consternación de sus cuidadores (y de hecho, algunos niños que no tienen dificultades de aprendizaje manchan de heces las paredes y otros lugares). Algunas de las razones de mancharse son las mismas que para la encopresis. Además, puede que a los niños que manchan:

— Les guste jugar con cosas sucias.
— Estén en la edad en la que están aprendiendo acerca del cuerpo y están demasiado impacientes por «experimentar».

— Piensen que defecar es malo e intenten ocultarlo. Otros comprueban con las manos si se han ensuciado, y luego se limpian las manos sucias por los muebles.

— Simplemente al principio, no sepan que mancharse no está bien. Puede que la reacción de los padres les enseñe que es una forma de llamar la atención, tanto positiva como negativa, y cualquier atención puede ser mejor que ninguna.

— Tengan problemas emocionales que requieren una evaluación.

Encadenamiento hacia atrás

Este método de entrenamiento puede resultar de ayuda con niños con retraso en el aprendizaje, ya que la habilidad se descompone en pequeños pasos, los eslabones de la cadena. En vez de empezar por el principio, se empieza por el final de la cadena, con un análisis de las habilidades necesarias para una utilización independiente del retrete. El empleo del encadenamiento hacia atrás exige determinar cuáles de las habilidades necesarias posee el niño. Así se establece donde iniciar el programa.

La cadena

Las etapas en el encadenamiento hacia atrás son las siguientes.

— Darse cuenta, correctamente, de las sensaciones del recto debidas a la distensión producida por la materia fecal.
— Entrar en el aseo.
— Preparar la ropa para defecar.
— Controlar los elementos motores de la actividad del esfínter.
— Limpiarse.
— Vestirse.

Ya que es más difícil enseñar el primer paso de interpretar las sensaciones rectales producidas por la distensión del material fecal que enseñar al niño a vestirse después de ir al retrete, se comienza por el final de la cadena y se va hacia atrás. Así:

a) El niño domina progresivamente las habilidades necesarias para ser independiente.

b) El niño gradualmente añade habilidades a las ya aprendidas, y las consolida, siempre terminando con la habilidad que ya ha dominado.

Nota

Si el niño no posee habilidades de aseo, comience por *el final de la cadena de las habilidades necesarias,* enseñando al niño a vestirse tras ir al aseo. Una vez que lo domina, retroceda un paso para enseñarle a limpiarse. Cuando sabe limpiarse y vestirse, hay que ayudarle a adquirir el control motor necesario para la defecación, y así hasta el final de la cadena. Si el encadenamiento hacia atrás se combina con un sistema de recompensas, se debe reforzar la conducta objetivo y no la defecación. Por ejemplo, en el primer paso del ejemplo anterior, se debe recompensar al niño por vestirse correctamente, a pesar de que se haya manchado. La recompensa debe cambiarse con la conducta objetivo, por ejemplo, de vestirse a limpiarse.

Enuresis

Ya sea que un niño se haya hecho pis encima toda su vida o que haya perdido el control de esfínteres más recientemente, necesita ayuda especial en la difícil tarea de aprender el control de la vejiga. (Se aplica a niños a partir de cinco años de edad —la edad a la que se supone que la mayoría de los niños son continentes por la noche—). La enuresis nocturna se suele definir como la emisión de orina de forma involuntaria y repetida durante el sueño sin ninguna anormalidad física identificada en niños mayores de cinco años. Normalmente (y preferiblemente) el niño será examinado antes por un médico por si hubiera alguna causa física de la enuresis, aunque la etiología orgánica (es decir, causa física o médica) es poco común. Cuando un niño moja la cama, parece que su cerebro no se da cuenta de la cantidad de orina de la vejiga y la vacía automáticamente mientras duerme.

Prevalencia

La probabilidad de que un niño consiga la continencia espontáneamente en un período de 12 meses se reduce bruscamente después de los cuatro años (Shaffer, 1994). La enuresis nocturna al menos una vez a la semana ocurre aproximadamente en el 13 por 100 (niños) o el 14 por 100 (niñas) a la edad de cinco años (Rutter, Tizard y Whitmore, 1970), aunque algunas estimaciones (véase tabla 2.1) son superiores. La tasa de prevalencia es del 1 al 2 por 100 para los chicos mayores de 15 años y para adultos. La enuresis es muy común entre niños en instituciones residenciales, y en muchos casos continúa, si no se trata, hasta la adolescencia tardía o incluso la edad adulta. La enuresis diurna está presente en aproximadamente uno de cada diez enuréticos nocturnos. La enuresis, como hemos visto, es igualmente común en niños y niñas hasta los cinco años de edad; luego los niños predominan hasta el punto que a la edad de once años son el doble que las niñas (Essen y Peckham, 1976).

La enuresis no sólo es embarazosa para el que la padece y a menudo provoca el ridículo o el castigo, sino que puede suponer una carga intolerable para las relaciones familiares, especialmente en grandes familias que viven en condiciones de masificación, donde varios niños pueden presentar este problema.

Para la mayoría de los enuréticos, mojar la cama conlleva consecuencias emocionales negativas, y estos niños tienden a mostrar algún grado de dificultades emocionales reactivas.

Incluso cuando aparentemente éste no sea el caso, la enuresis impone limitaciones en la elección de actividades del niño; pocos enuréticos pueden ir de acampada o quedarse en casa de un amigo. En las casas particulares y en las instituciones, el lavado diario de la ropa de cama es desagradable y costoso; con frecuencia, los padres y cuidadores terminan por aceptar de manera fatalista la enuresis como un correlato inevitable del crecimiento del niño.

Evaluación

Enuresis primaria. Representa un déficit conductual. El niño nunca ha conseguido controlar la micción por la noche.

Enuresis secundaria. El niño vuelve a mojar la cama después de un período de haber controlado. El inicio es más común entre los cinco a siete años y menos frecuente después de los once años. De todas formas, el control del niño puede haber sido débil en el mejor de los casos. Hasta un 25 por 100 de los preescolares que han controlado durante al menos 6 meses comienzan a mojarse de nuevo (Fergusson et al., 1986). Esta regresión puede producirse por un período de estrés.

También se puede hacer una distinción entre los niños que mojan la cama regularmente y aquellos que lo hacen de forma intermitente.

Etiología

Las causas de la enuresis nocturna parecen ser multifactoriales. La enuresis puede tener sus orígenes en un aprendizaje defectuoso. Como la continencia suele aparecer entre el año y medio y los cuatro años y medio de edad, se puede decir que hay un período «crítico» para la aparición del control de esfínteres nocturno. Una presión severa hacia el niño o, al contrario, la dejadez complaciente pueden conducir a que este desarrollo fracase. Los problemas emocionales se superponen cuando se les hace sentir a los niños vergüenza por su conducta «de bebé». Con frecuencia, como ya hemos mencionado, tienen que soportar el castigo, el desprecio y el ridículo en casa y en la escuela. Otras influencias causales pueden ser factores urológicos y médicos, tales como la capacidad funcional reducida de la vejiga, factores genéticos, trastornos del desarrollo y la maduración, y también una variedad de factores psicológicos.

Causas físicas

Hasta un 10 por 100 de todos los casos de enuresis son el resultado de condiciones físicas, siendo las más frecuentes las infecciones del tracto urinario. Aproximadamente una de cada veinte mujeres y uno de cada cincuenta varones con enuresis padecen infección. Otras causas físicas menos frecuentes son el trastorno renal crónico, la diabetes, tumores y la epilepsia. Tales causas potencialmente importantes hacen que se haga preciso un examen médico. La enuresis viene de familia; un 70 por 100 de los enuréticos remitidos a la clínica tienen un familiar de primer grado que fue enurético de niño.

Influencias emocionales (ansiedad)

Los niños que mojan la cama pueden ser niños ansiosos y nerviosos; lo que no está claro es la naturaleza exacta de la relación entre sentirse ansioso y mojar la cama.

Una visión popular es que la ansiedad se asocia con la enuresis. Esta idea se apoya en el hecho de que varios estudios han demostrado que después de un tratamiento con éxito de la enuresis, normalmente hay una disminución de la ansiedad y una mejoría de la autoestima de los niños. Esta explicación parece aceptable cuando pensamos en los problemas que conlleva ser enurético. El niño a menudo es ridiculizado por sus hermanos e incluso por sus padres. No puede quedarse en casa de un amigo o ir a un campamento. Incluso resulta muy difícil esconder el problema a los vecinos, dada la aparición frecuente de sábanas y mantas en el tendedero. No resulta sorprendente que el enurético llegue a estar muy ansioso por su problema.

Tratamiento

A lo largo de los años se han sugerido diversos métodos para el tratamiento de la enuresis. Algunos se han basado en la teoría e investigación científicas, mientras otros son meramente «cuentos de viejas». Una creencia especialmente común, pero no demostrada, es que la enuresis se relaciona con la profundidad del sueño —los niños mojan la cama a causa de que duermen profundamente. Debido a esta idea no fundamentada, en el pasado algunos padres aplicaron remedios rígidos, por ejemplo, hacer que el niño durmiera en una cama dura para prevenir el sueño profundo.

Medicación

Muchos médicos emplean la medicación para tratar a sus pacientes enuréticos. Los fármacos preferidos son los antidepresivos tricíclicos, el hidroclorato de imipramina (Tofranil). Por supuesto, se produce un aumento del control urinario en el 25 a 40 por 100 de los casos en las primeras dos semanas de tratamiento, pero hasta un 95 por 100 recaen después de suprimir la medicación. No existe una base teórica clara para el uso de este fármaco. Más segura, pero más costosa y exigiendo mucho tiempo, es la intervención basada en el paradigma del aprendizaje; el tratamiento, en estos casos, se fundamenta en el aprendizaje de nuevas habilidades más efectivas y respuestas más indicadas a los estímulos.

Los antidiuréticos sintéticos (por ejemplo, desmopresina) se han utilizado solos y en combinación con el sistema de alarma descrito a continuación. Los efectos son comparables con los obtenidos con los antidepresivos tricíclicos (Shaffer, 1994).

La alarma de enuresis
(véase Consejos para padres 3, al final del capítulo)

El dispositivo conocido como «la alarma de enuresis» se ha desarrollado para ayudar a los niños (con la supervisión de un profesional) a superar el problema de la enuresis. Básicamente, la alarma se compone de un par de esterillas detectoras conectadas a un timbre junto a la cama del niño. Tan pronto como el niño empieza a mojarse mientras duerme, suena el timbre. El uso de la alarma produce dos efectos —detiene el chorro y despierta al niño— siempre que la vejiga del niño empiece a vaciarse automáticamente durante el sueño.

De manera gradual, el cerebro aprende a asociar estos dos efectos con la sensación de la vejiga llena. Después de un tiempo el cerebro llega a ser más consciente de la cantidad de orina en la vejiga, y empieza a llevar a cabo las dos acciones de contraer los músculos y despertar al niño cuando la vejiga se llena. Finalmente, el niño consigue dormir sin mojarse, despertándose si necesita ir al aseo por la noche.

Minialarmas

Las minialarmas o alarmas para calzoncillos y braguitas para el entrenamiento en control de esfínteres diurno o nocturno son versiones portátiles de los aparatos usados en el tratamiento de la enuresis. Se sujeta un sensor al pijama o ropa interior del niño y se lleva la alarma en un bolsillo o en la muñeca. El dispositivo produce una señal auditiva (Schmidt, 1986).

Efectividad

La evidencia de la superioridad del método de alarma (con tasas de remisión entre el 80 y el 90 por 100) sobre el no tratamiento y otros tratamientos de control está bien documentada para la enuresis nocturna (véase Shaffer, 1994). Mientras los datos de Doley (1977) basados en 600 sujetos revelaron una tasa media de recaída del 40 por 100, casi el 60 por 100 de éstos lograron de nuevo la continencia después de sesiones de recordatorio.

Sistemas de incentivos

Dada la facilidad de producir algún cambio en la motivación del niño para no mojarse ofreciendo recompensas (reforzamiento) por estar seco, probablemente es una buena forma de empezar para los padres.

Recompensas

Uno de los métodos consiste en proporcionar un premio especial por conseguir un número cada vez mayor de noches secas consecutivas. El número habitual de noches secas que se espera que un niño consiga para considerar que está «entrenado» es catorce noches seguidas. Si se consiguen catorce noches seguidas es menos probable que vuelva a mojar la cama.

Gráficos de estrellas/pegatinas

La enuresis nocturna (y diurna) a veces puede acabarse utilizando un simple gráfico de estrellas para las camas (o ropa) secas. Cuando se obtiene un número negociado de estrellas, el niño recibe una sorpresa o privilegio, o las intercambia por pequeños artículos como lápices, plastilina, etc., con un precio fijado. Se registra en un gráfico (véase apéndice VII) o pequeño calendario, con un espacio para cada día. Cada vez que el niño tiene una noche seca se pone una estrella dorada (o pegatina de colores) en el calendario y el niño puede ver cómo progresa por el número de estrellas del gráfico. Algunas veces será suficiente para motivar al niño a estar seco más a menudo, pero puede apoyarse ofreciéndole algún otro premio, como una salida o ver la televisión, sólo si gana un determinado número de estrellas cada semana. (Un registro para colorear aparece en el apéndice VI.)

Este método resulta en una marcada reducción, y en algunos casos la remisión, de hasta un 20 por 100 de enuréticos (Devlin y O'Cathain, 1990).

Refuerzos y sanciones

Puede que el niño continúe mojando la cama porque simplemente no está bastante motivado (o quizá bastante *reforzado*) para aprender a estar seco. De hecho, se han observado algunos ejemplos en los que el niño puede despertarse e ir al aseo cuando lo precisa, pero, en vez de hacerlo, *elige* mojar la cama. Suele ocurrir en invierno, o si el aseo está lejos y el pasillo oscuro. En este caso es importante que los padres proporcionen la motivación necesaria al niño y que cambien la situación de alguna forma para que ir al aseo y mantener la cama seca sean más atractivos que mojar la cama. Sin embargo, existen problemas asociados con penalizar al niño por mojar la cama, ya que el problema puede no ser simplemente motivacional y se puede estar sancionando al niño injustamente. El castigo puede conducir a un aumento de la ansiedad asociada con mojar la cama.

Una alternativa preferible es aumentar el deseo del niño por estar seco y convertir el estar seco en una opción atractiva. Quiere decir que los padres proporcionen incentivos para que el niño esté seco y, al mismo tiempo, ignoren aquellas ocasiones en las que el niño moja la cama. La estrategia más sencilla (y a menudo más efectiva) es alabar al niño y prestarle mucha atención cuando consigue una noche seca.

Entrenamiento en retención

Existe evidencia que sugiere que los enuréticos pueden tener una capacidad de la vejiga más pequeña que los no enuréticos. Entrenar a los niños a aguantar cantidades cada vez mayores puede aumentar la capacidad de la vejiga.

El entrenamiento de día implica que el niño indique cuándo siente la necesidad de ir al aseo. Luego se le pide que aguante durante cinco minutos antes de ir. Después de transcurrir estos cinco minutos se le dice que puede ir y se le alaba por sus esfuerzos. Cuando el niño puede aguantar fácilmente durante cinco minutos se va aumentando el tiempo gradualmente en intervalos de cinco minutos, hasta que el niño pueda aguantar hasta treinta minutos. Este método le ayuda a incrementar la capacidad de la vejiga de tal forma que puede pasar la noche sin tener que ir al aseo.

Este procedimiento aumenta la capacidad de la vejiga, pero su efectividad en el tratamiento de la enuresis no se ha establecido con firmeza hasta el momento. Es una forma útil de combatir el problema de la urgencia de orinar (véase apéndice III: *Hoja de registro de día* al final del capítulo).

Entrenar al niño a aguantar cada vez más cantidades de líquido puede aumentar la capacidad de la vejiga. Al niño se le anima a beber cantidades crecientes de líquido y luego aguantar las ganas de orinar tanto como pueda. Se le pide que orine en una taza de medida y se registra cuánta cantidad es capaz de aguantar. Cada día el niño intenta mejorar su récord anterior y se le da una recompensa por su éxito. (La vejiga tiene una capacidad media de 141,75 a 198,45 gramos a los seis años de edad.)

El método «comenzar y parar» al orinar (aguantar y dejar salir el chorro de orina) fortalece la capacidad de los músculos y de la vejiga para inhibir el flujo de orina.

Programas de tratamiento de la enuresis diurna

El empleo de incentivos para el entrenamiento del hábito y los aparatos de alarma también juegan su papel en el tratamiento de la enuresis diurna (por ejemplo, Halliday et al., 1987).

Encopresis

¿Qué es la encopresis?

Cuando la materia fecal llega al recto, provocando que éste se dilate, se estimulan los nervios sensoriales. Estos nervios envían un mensaje al cerebro diciéndonos que estamos llenos y necesitamos evacuar. Sin embargo, cuando el niño retiene las heces (cualquiera que sea la razón), su recto se dilata lentamente a lo largo de las semanas y los meses. Con el tiempo llega a hacerse tan grande que ya no puede dilatarse cuando las heces entran al recto. En este punto el niño ya no sabe si su recto está lleno o no. Ya que los mensajes apropiados no llegan, la materia fecal se impacta en el recto y el estreñimiento llega a ser tan severo que conduce a un bloqueo parcial del intestino. Algunas de las evacuaciones se licúan y rebosan alrededor de la masa fecal impactada, manchando la ropa del niño (véase Consejos para padres 5). Los niños con encopresis a causa de la impactación rectal no pueden prevenir el mancharse. No se dan cuenta de su obstrucción y son incapaces de prevenir el rebosamiento.

Para resumir, la encopresis ocurre porque el niño ha perdido el reflejo anal normal a través de un estreñimiento excesivo y la subsiguiente dilatación del intestino. A este problema se le denomina *retención y rebosamiento*. Algunas veces (después de una a tres semanas, cuando el recto está tan lleno que el mensaje consigue pasar) se escapa la materia fecal al relajarse los músculos del niño. El niño habitualmente no se da cuenta de lo que está sucediendo hasta que es demasiado tarde. Algunos niños, temiendo el ridículo o el castigo, esconden la evidencia —la ropa manchada.

Encontrarán diferentes definiciones de encopresis en los manuales. Ya que la investigación sugiere que la encopresis (y los niños encopréticos) no puede encuadrarse dentro de los trastornos con etiologías físicas, como opuestos a los de causas psicológicas, o dentro de cualquier otro grupo, una definición amplia y simple podría ser: *Un niño encoprético se refiere a cualquier niño de una edad comprendida entre los cuatro y dieciséis años que mancha su ropa interior y/o su cama regularmente.*

Información previa sobre la encopresis

— No se trata de un problema infrecuente. Tres de cada cien niños a los cinco años todavía manchan la ropa. Entre los siete y los ocho años, dos de cada 100 niños continúan ensuciándose. A los doce años, uno de cada 100 chicos (y algunas niñas) todavía se manchan. A causa del sentimiento de vergüenza que provoca este problema, y en el intento de muchas familias por mantenerlo en secreto, las cifras citadas pueden ser infraestimaciones.

— El estreñimiento, o los retortijones, provocan dolor, irritabilidad y hacen disminuir el apetito.

— El estado emocional del niño (debido a una situación estresante) puede afectar al funcionamiento del intestino. Así, el mancharse puede ser el resultado del estrés personal y/o acontecimientos vitales familiares, como el abuso sexual, por ejemplo (Boon, 1991).

— Es probable que muchos padres piensen (avergonzados) que su hijo es el único con ese problema, ya que la mayoría de los padres es posible que nunca hayan conocido el caso de otro niño.

— Algunos niños *nunca* han tenido control intestinal («encopresis primaria»). Cuando se ha conseguido el control durante, al menos, seis meses antes de que comience a mancharse, nos referimos a «encopresis secundaria».

— «Mancharse» no es un síntoma aislado, sino un síndrome con muchos aspectos.

— Puede llevar a provocar miedo, vergüenza y una disminución de la autoestima del niño, lo que conduce a otras repercusiones sociales. Es bastante probable que el niño sea centro de burlas, insultos e incluso sea amenazado en la escuela a causa de este problema. (Algunos niños dejan de ir al colegio, ya que a los profesores les resulta muy difícil manejar este problema.) Para la familia, existen sentimientos de perplejidad, frustración, fracaso, ira y repugnancia. La encopresis tiende a generar respuestas negativas de los padres y es uno de los precipitantes más comunes del maltrato físico (véase Claydon y Agnarsson, 1991).

— La encopresis, a veces, se asocia con problemas de conducta tales como la desobediencia y la conducta oposicionista.

— Hay más niños que niñas con encopresis.

— Existen niños con encopresis de todos los niveles intelectuales.

— Existen niños con encopresis de todos los niveles sociales.

— Hay una correlación altamente significativa entre enuresis y encopresis.

— Hay una relación entre encopresis y bajo peso al nacer.

— A los niños hay que enseñarles a permanecer limpios, es decir, hay que hacer un entrenamiento en control de esfínteres. ¡Esto no sucede solo!

Hay tres tipos de encopresis (véase Harsov, 1994; Levine y Bakow, 1976):

1. | Hay un control intestinal adecuado, pero, sin embargo, el niño deposita las heces en lugares inadecuados.

2. | Hay dificultad para controlar el intestino; el niño no es consciente de que se está haciendo caca encima o sí que es consciente pero no puede hacer nada para remediarlo.

3. | Cuando la encopresis se debe a heces excesivamente fluidas.

Teoría del aprendizaje social

El punto mencionado anteriormente, de que hay que enseñar a los niños a estar limpios, es de vital importancia en las intervenciones con encopréticos. Los principios del aprendizaje y las estrategias de entrenamiento (o re-entrenamiento) son básicos para nuestro trabajo. En todas las culturas el entrenamiento en el control del intestino es la responsabilidad de la madre, y la mayoría de los niños lo han aprendido entre los dos y los cuatro años de edad, con independencia de los métodos de entrenamiento empleados o lo temprano que se hayan aplicado. Este capítulo no se ocupa, como tema central, de los fracasos tempranos en el entrenamiento (es decir, de la «encopresis primaria»). La cita con la que comienza este capítulo resalta el complejo aprendizaje social (la psicología) implicado en el control y la respuesta social a una actividad esencialmente física (defecación). Si este aprendizaje se produce bajo estrés, puede desmoronarse bajo estrés. ¡La presión indebida (y se aplicará a nuestros programas de entrenamiento) es lo que menos facilita el aprendizaje!

¿Por qué los niños se manchan?

Causas

No existe una causa única para todos los casos de encopresis; se produce de diferentes formas y por diversas razones. La evaluación rigurosa es crucial. Si se buscan influencias antecedentes que puedan estar relacionadas con el problema se encuentra una serie de factores que van desde los intelectuales (como los trastornos de aprendizaje); los físicos (por ejemplo, el estreñimiento); los psicológicos (miedo al retrete), o sociales (negligencia o entrenamiento coercitivo en los hábitos de limpieza).

Causas físicas: estreñimiento

La inmensa mayoría de los casos de encopresis son el resultado de un estreñimiento crónico y retención de heces. De ahí, no sorprenderá el interés particular de este capítulo en la cuestión de *la retención y el rebosamiento*. Los niños de cualquier edad que tienen deposiciones dolorosas (el dolor también puede estar causado por una fisura anal) pueden responder reteniendo las heces. Cuando sienten la urgencia de defecar, temen sufrir dolor y responden reteniendo. El papel del colon y del recto es absorber agua de las heces, así, cuanto más retenga el niño, voluntaria o involuntariamente, los movimientos del intestino serán más dolorosos y más difíciles. Se crea un «círculo vicioso» provocando movimientos más dolorosos, causando más retención de heces, etc., así *ad nauseam*.

Cuando el intestino está sobrecargado con frecuencia, los músculos del recto se sobreactivan, mientras, a la vez, los músculos anales se relajan como respuesta refleja a la actividad del recto (Clayden, 1988). Así, como los músculos siguen removiéndose para eliminar el bloqueo, el niño no tiene control voluntario sobre lo que ocurre y se mancha. No es de extrañar que un niño me dijera, «No soy yo quien se hace caca encima, es mi trasero». Su trasero parecía tener una existencia independiente.

Otras condiciones físicas

Éstas incluyen la enfermedad de Hirschsprung, obstrucciones intestinales, anormalidades congénitas, trastornos gastrointestinales, daño cerebral y retraso del desarrollo. Puede consultarse acerca de estos temas en Clayden y Agnarsson (1991).

Determinantes psicológicos

Hemos elegido la palabra «determinantes», mejor que «causas», de forma deliberada, ya que los factores psicológicos asociados con la encopresis pueden ser secundarios a la encopresis, una «cubierta emocional» que contribuye al inicio, mantenimiento o exacerbación de los síntomas. La palabra causa es demasiado precisa.

Entre los determinantes psicológicos están:

— Entrenamiento coercitivo/remedios punitivos por parte de los padres.
— El papel de las madres ansiosas sobreprotectoras y padres demasiado estrictos (Bellman, 1966).
— Una tendencia de los encopréticos a ser nerviosos (Bellman, 1966).
— Una tendencia de los encopréticos a comer mal (Bellman, 1966).
— Una tendencia de los encopréticos a sufrir indefensión aprendida (Sluckin, 1981).

Factores ambientales

Entre las influencias ambientales predisponentes están:

— Ambientes estresantes (Butler y Golding, 1986).
— Aseos inadecuados en casa o en el colegio.
— Experiencias de separación (y otras experiencias traumáticas).
— Factores dietéticos: comer una dieta deficiente en fibra y beber demasiada leche pueden causar estreñimiento en los niños mayores.

Cómo ayudar a que los encopréticos se ayuden

La evaluación

Factores a tener en cuenta:

— Es probable que los padres y el niño se sientan muy avergonzados.
— Se necesita un lenguaje común para hablar de los aspectos de la limpieza y la encopresis. La mayoría de las fami-

lias tienen sus propias palabras (por ejemplo, water, aseo, cuarto de baño, orinal, caca).

— La actitud de colaboración enfatiza la conveniencia de descubrir lo que el niño y sus padres desean hacer acerca del problema. Respete sus puntos de vista y déles tiempo para expresarse.

— También resalta la importancia de proporcionar a los padres información y habilidades, y de compartir sus ideas con ellos. Implíquelos en una cooperación activa durante la evaluación y, más tarde, en la intervención. Una forma de compartir información con los padres es darles la lectura complementaria que aparece al final de este capítulo (Consejos para padres) y repasarla con ellos. (Por cierto, compartir información reduce el número de clientes que abandonan la terapia, un problema frecuente en el caso de la encopresis.)

— La evaluación no sólo es sobre la encopresis; es acerca de un niño con un problema vergonzante y restrictivo; un niño con sentimientos, y un niño con padres que también están experimentando emociones y actitudes intensas acerca del «fracaso» de su hijo.

Pasos para evaluar el problema

Paso 1. Pregunte los detalles precisos de la encopresis y cualquier otro problema de conducta.

Paso 2. Use el modelo ABC y el listado de conducta encoprética (ambos aparecen a continuación) para sistematizar los datos.

Paso 3. Formule hipótesis acerca de las causas y los determinantes en este caso de encopresis (véase el listado de causas en página 95).

Este análisis fundamental requiere los datos del registro de los padres más los de la entrevista basados en el listado siguiente (véase Clayden y Agnarsson, 1991).

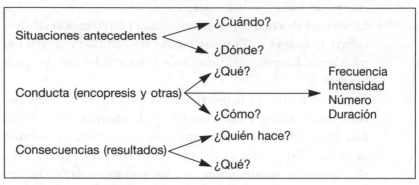

El listado de la conducta encoprética

— ¿En qué momento del día es más probable que el niño se manche?

- en cualquier momento,
- por la mañana,
- por la tarde,
- por la noche,
- en la cama.

— ¿El problema de la encopresis dura desde hace mucho tiempo?

— ¿La apariencia y consistencia de las heces es normal?

— ¿El niño tiene una «masa» de heces por estreñimiento?

— ¿El niño tiene diarrea?

— ¿El niño ha evacuado alguna vez en el WC?

— ¿El niño esconde cuando evacua o ha evacuado?

— ¿Ayuda a su hijo con su limpieza?

— ¿Le critica cuando se hace caca encima?

— ¿Le pega cuando se hace caca encima?

— ¿Qué otras cosas pasan después de que se hace caca encima?

— ¿Siente que su hijo se mancha frecuentemente?

— ¿Hay cualquier otro problema de conducta que le preocupe?

— ¿Le han hecho a su hijo un examen médico recientemente por la encopresis?

Listado de causas

	Sí	No	Detalle
¿Está presente alguna de las siguientes situaciones?			
Masas fecales (estreñimiento pertinaz).			
Defecaciones dolorosas.			
Miedo a ir al aseo.			
Apariencia/consistencia anormal de las heces.			
Diarrea.			
Lesiones/fisuras anales.			
Fracaso en enseñar al niño el control intestinal.			
Entrenamiento intestinal temprano estresante (punitivo, coercitivo, demasiado pronto).			
Instalaciones de aseo inadecuadas.			
Dieta inadecuada/inapropiada.			
Situaciones vitales estresantes (ahora).			
Situaciones vitales estresantes (en el momento del inicio de la encopresis).			
Burlas/amenazas en casa o en la escuela en relación a la encopresis.			
Problemas de conducta.			
Elevada activación emocional en relación a la función intestinal (ira, resentimiento, desesperación, vergüenza) en casa.			
Respuesta anormal a la función intestinal (esconder las heces, mancharse con ellas, esconder la ropa interior).			
Rehusar ir a sentarse en el retrete o el orinal.			
Desafío de tipo general (niño).			
Disfuncionalidad (actitudes parentales sobreprotectoras, punitivas, de rechazo).			
Abuso (físico/sexual/emocional).			

Tratamiento

La intervención

Factores a tener en cuenta:

— En este capítulo tratamos principalmente del tipo de encopresis que implica retención con rebosamiento.

— Si identifica alguna dificultad emocional o de conducta, una disfunción familiar, un retraso en el desarrollo o abuso infantil, envíe a la familia a un centro de atención especializado o a los servicios sociales.

La intervención tiene cuatro aspectos:

1. *Medicación:* los laxantes se utilizan para asegurar el vaciado rectal efectivo y, con el tiempo, la recuperación de sensaciones relacionadas con la defecación y la continencia.
2. *Alimentación:* una dieta rica en fibra ayuda a asegurar la continuidad del vaciado rectal.
3. *Rutinas:* las rutinas se establecen para facilitar el horario de la defecación y establecer hábitos de limpieza en el niño.
4. *Entrenamiento:* los métodos conductuales se usan para facilitar el aprendizaje o reaprendizaje del niño.

Medicación

— El docusate y el picosulfato se emplean para facilitar el paso de las heces duras ablandándolas y disolviéndolas. Se pueden utilizar enemas en algunos casos.
— Se requiere medicación para ayudar a las heces a pasar más rápido y hacer que el recto se contraiga más. Con este fin se suele emplear senokot.
— Existen fármacos que contienen celulosa y ayudan a que las heces estén blandas (por ejemplo, lactulosa)

Alimentación

— Algunos alimentos enlentecen el movimiento del intestino (por ejemplo, la leche) o le quitan el hambre al niño (por ejemplo, los dulces).
— Los alimentos ricos en fibra ayudan a ablandar las heces.

Rutinas

— El cuerpo requiere rutinas (horarios regulares de comida, sueño, evacuación).

— El uso controlado de la sena, más las rutinas prescritas en el programa conductual, pueden provocar el movimiento de las heces en un momento conveniente para el niño.

Entrenamiento

Esto nos lleva al uso de programas conductuales.

Preliminares

i) Si el niño tiene miedo de ir al aseo/evacuar, tendrá que desensibilizar sus miedos (véase Herbert, 1987).

ii) Al niño le resultará difícil evacuar si está tenso. Puede ponerle música, darle un cómic o un muñeco para ayudarle a relajarse sin que se distraiga de su tarea principal.

iii) Los niños suelen necesitar recordatorios para ir y hacer un esfuerzo en el aseo. Los padres *y* el niño pueden necesitar recordatorios (tales como notas, para obligarse a cumplir el programa).

iv) La alabanza, el ánimo y las recompensas más tangibles (reforzadores) facilitan el aprendizaje y hacen que la actividad, a veces desagradable, de ir al WC sea menos pesada para el niño. Refuerce el esfuerzo y el éxito.

v) Antes de comenzar el programa asegúrese de que el estreñimiento está bajo control; si no, el fracaso está asegurado.

vi) Recuerde: el fracaso engendra fracaso; el éxito engendra éxito.

El programa

El programa incluye los pasos siguientes:

a) Iniciar el plan de tratamiento sobre la base de un acuerdo de trabajo *negociado*.

b) Dirigirse hacia objetivos simples, aplicando métodos que sean éticamente aceptables y que hayan sido aceptados por los padres.

c) Recoger datos como medidas del cambio (por ejemplo, tasas de conducta, interacciones, diarios escritos). Un modelo de registro sobre encopresis aparece al final de este capítulo.

d) Utilizar e interpretar los datos como medio de supervisión.

e) Dar ánimos y favorecer un enfoque positivo.

f) Explicar que la gente puede experimentar reveses antes de hacer progresos otra vez.

g) Concretar las dificultades específicas.

h) Negociar otros objetivos si es necesario.

i) Aprovechar las propias ideas y la motivación del individuo para indicar (y facilitar) el progreso.

j) Resolver las dificultades en cuanto surjan.

La terapia familiar conductual y el entrenamiento a padres conductual requieren que el terapeuta sea un colaborador enérgico. Para conseguirlo:

a) *Negociar*. La cuestión clave es: «¿Cómo vamos a solucionar *juntos* los problemas?

b) *Educar*. Hay que aclarar las ideas acerca de la encopresis y su tratamiento, proporcionar explicaciones, ofrecer razonamientos, compartir información y aumentar su conocimiento. Será de ayuda mencionar ejemplos de otras personas que han tenido éxito a pesar de las dificultades.

c) *Observar*. Se anima a los padres que observen su propia reacción (y la de su hijo) a los métodos utilizados y se les muestra cómo registrarlas durante el tratamiento.

d) *Ensayar la conducta*. Se les da la oportunidad de practicar, en una atmósfera en la que se sientan cómodos y seguros, habilidades de afrontamiento como la relajación, autoinstrucciones y control de impulsos y habilidades de manejo del niño, por ejemplo, darle instrucciones y ser consistente.

e) *Ensayar autoinstrucciones.* Se les anima a ensayar afirmaciones de afrontamiento positivas, por ejemplo, «puedo conseguirlo»; «puedo afrontar esta situación»; «tranquilo, respira despacio, calma».

f) *Buscar apoyo.* Si fuera necesario, y los padres lo permiten, se puede buscar la ayuda de otros miembros de la familia.

g) *Desmitificar.* A menudo es necesario contrarrestar los mitos y atribuciones que estorban el cambio terapéutico (por ejemplo, «mi hijo se mancha para molestarme»).

Una fundamentación ética para utilizar los métodos conductuales

Los principios generales que determinan la elección de métodos terapéuticos son aquellos que favorecen las habilidades individuales, reducen la conducta antisocial, alivian el malestar personal, y (como resultado) mejoran la calidad de vida familiar. Las técnicas elegidas siempre deben usarse dentro de un programa general de manejo planificado. Existen también varios imperativos éticos a tener en cuenta y deben ser tratados a fondo con los padres.

La elección de métodos

Uno de los puntos fuertes del trabajo conductual es que el tratamiento y la elección de métodos no dependen necesariamente del descubrimiento y comprensión de las causas remotas de los problemas de conducta. El orden del día del tratamiento es la identificación del problema actual y sus antecedentes y consecuentes actuales. Los problemas actuales muy raramente pueden relacionarse con experiencias pasadas específicas.

Entre las tareas terapéuticas desarrolladas mediante los métodos conductuales están:

— La adquisición (es decir, el aprendizaje) de una respuesta deseable de la que es deficitaria el individuo, tales como la conducta de control de esfínteres apropiada, obediencia, autoestima, autocontrol.

— La reducción o eliminación (el desaprendizaje) de una respuesta indeseable en el repertorio del individuo (tales como las autoinstrucciones despreciativas, la agresión, las rabietas, rehusar ir al servicio, esconder la ropa manchada).

Cómo explicar los métodos conductuales a los padres

La aplicación de los métodos conductuales en la encopresis (y otros problemas) depende, para que sean efectivos, de una clara explicación de *qué* implican, y *por qué* se cree que funcionan (es decir, su fundamentación). Una manera de presentar estas ideas es la siguiente:

> *Terapeuta a los padres:* Una gran parte de los problemas de la infancia no se deben sólo al aprendizaje de conductas inapropiadas del niño (es decir, indeseables) sino que son la consecuencia del fracaso del niño para aprender conductas y habilidades apropiadas (en otras palabras, aceptables, o socialmente deseables). Muchos problemas de los niños, especialmente en los primeros años, se asocian con habilidades inadecuadas que implican autocontrol o control del cuerpo. No deberíamos sorprendernos ya que los niños son aprendices de la vida. ¡Es una pena que no lleven una L para recordárnoslo! La palabra aprendizaje es la idea clave aquí; de hecho, es la clave para ayudarles a ustedes y a sus hijos con la encopresis. El hacer cualquier cosa bien requiere un buen entrenamiento, e implica a dos personas: un aprendiz y un maestro. Necesitamos enseñar a su hijo hábitos de control de esfínteres útiles y al mismo tiempo entrenar su cuerpo (su intestino) a volver a funcionar bien. Ustedes, como padres, serán guías sabios.

Cómo adquirir/fortalecer conductas y habilidades

Método 1. Reforzamiento positivo

Este método de intervención intenta influir o controlar el resultado de ciertas conductas o habilidades prosociales (por ejemplo, el uso del servicio) mediante el empleo de reforzadores positivos, es decir, consecuencias agradables.

Sin duda, será de ayuda empezar con una explicación sobre el reforzamiento positivo tal como sigue.

Terapeuta a los padres: Si las consecuencias de la conducta de un niño se recompensan, es probable que la conducta se fortalezca y puede llegar a ser más frecuente. Dicho de otro modo: si el niño hace algo como un esfuerzo al ir al servicio, y como resultado de esta acción ocurre algo agradable, entonces es más probable que el niño haga lo mismo en circunstancias similares en el futuro. Cuando los psicólogos se refieren a un resultado agradable como el reforzamiento positivo de la conducta están pensando en varios tipos de reforzadores: recompensas tangibles (tales como tiempo extra para ver la televisión o jugar con videojuegos, regalos, dinero); recompensas sociales (tales como atención, una sonrisa, una palmada en la espalda, una palabra de ánimo); y autorreforzadores (es decir, los que vienen de uno mismo y que no son tangibles, como el autoelogio, autoaprobación, y un sentimiento de placer o logro).

Cuestiones para considerar con los padres

Las cuestiones siguientes pueden ayudar a generar estrategias de entrenamiento.

¿Le prestan atención al buen comportamiento de sus hijos?

Algunos padres suelen recompensar («reforzar») la conducta deseable de sus hijos. Los siguientes ejemplos podrían apuntarse en tarjetas para que las puedan usar con ellos.

Antecedentes	Conducta	Consecuencias
A Sandra se le pidió que le dijera a su madre cuándo tenía ganas de ir al servicio	Ella lo hizo	Su madre la abrazó y le dijo: «buena chica»

Terapeuta a los padres: Probablemente Sandra va a repetir esta conducta. Con el fin de mejorar o aumentar que haga ciertas cosas, pueden pensar en cómo seguir una conducta relacionada con ir al servicio con algo reforzante (podría ser una actividad con la que su hijo disfruta). Pueden indicar sus intenciones diciendo, por ejemplo: «Si intentas hacer caca en el servicio, entonces puedes salir a jugar. Pondré una pegatina en tu registro: una por intentarlo y otra si consigues hacer algo». Es la regla de «si-entonces».

Para ser más efectivos, la investigación conductual demuestra que los reforzadores tales como regalos, actividades favoritas, elogios y ánimos, deben darse lo más pronto posible tras la conducta particular deseada del niño. Así, el padre que observa a su hijo y es rápido para prestar atención al éxito usa el elogio y el ánimo de manera más efectiva que el padre que sólo hace comentarios favorables cuando, por ejemplo, el niño hace algo muy extraordinario.

¿Ignoran el buen comportamiento de sus hijos?

Algunos padres de manera persistente ignoran o pasan por alto las acciones deseables de sus hijos:

Antecedentes	Conducta	Consecuencias
La madre de Felipe le sugirió que fuera él solo al servicio	Él lo hizo	¡Nada! La madre no dijo nada

> *Terapeuta a los padres:* No se sorprendan si Felipe no va por sí solo al servicio la próxima vez. ¿Quizá no se dan cuenta de los esfuerzos de su niño?

Método 2.   Reforzamiento negativo

La descripción inicial podría ser así:

> *Terapeuta a los padres:* Comportarse de una manera que evite un resultado desagradable conduce al reforzamiento de la conducta y así hace que vuelva a ocurrir en circunstancias similares. Si su hijo hace algo que no les gusta, tal como rehusar sentarse en el servicio como se pactó en el programa conductual, pueden aumentar su capacidad para cumplir el acuerdo castigándolo por no hacerlo (por ejemplo, con la pérdida de tiempo de televisión). De esta forma están proporcionando lo que se llama «reforzamiento negativo» por sus esfuerzos por cumplir los términos acordados en el contrato. Pueden no tener que aplicar el castigo si su hijo cree su amenaza, ya que sabe que mantendrán su palabra. Por ejem-

plo, si dicen «Si no cumples lo que acordaste con la señora... no podrás ver la televisión», entonces su hijo se lo pensará primero y se fortalecerá el cumplimiento de las reglas.

Es importante analizar lo que se le está pidiendo al niño y lo que se le está enseñando. Difícilmente se puede culpar a un niño por no hacer lo que no sabe, de lo que no es capaz o ve como inaceptable. Hay que hacerse las siguientes preguntas:

— ¿Son razonables las expectativas sobre el niño (habilidades, requerimientos)?
— ¿Sabe *qué* hacer?
— ¿Sabe *cómo* hacerlo?
— ¿Sabe *cuándo* hacerlo?

Por supuesto, los niños pueden haber aprendido y conocer el comportamiento social apropiado y cuándo realizarlo pero todavía no lo hacen. Por tanto, hay que hacerse dos preguntas más:

— ¿Cómo puedo conseguir que haga lo que no quiere hacer?
— Una vez que lo hace, ¿cómo puedo animarle a que continúe haciéndolo?

Madre al terapeuta: Mi problema es que estoy sola y no tengo siempre la energía para insistir en lo que quiero que haga. Mi hija es muy desafiante.

Terapeuta a la madre: Muchos padres nos hablan de este problema. Tiene que tomar la decisión sobre la inversión de energía a corto plazo para la ventaja a largo plazo. Su hija contrapone esa parte de usted que está exhausta y desea coger la «ley del mínimo esfuerzo» a la parte que desea hacer frente a un importante asunto de principios. Si es capaz de ser firme y consistente durante una semana o dos, descubrirá que su hija llegará a creer que usted habla en serio y será más obediente. Es una inversión costosa pero rentable de su tiempo.

Hay otra forma importante de aprendizaje que es interesante transmitir a los padres —el aprendizaje observacional o la imitación.

Método 3.   *Aprendizaje observacional (modelado)*

Terapeuta al padre: Los niños aprenden una gran parte de su conducta social (y muchas otras acciones complejas) imitando a otros. Se modelan observando a gente significativa de su ambiente, o a personajes simbólicos, copiando lo que ellos hacen y dicen. Para enseñar a un niño nuevos patrones de conducta, déle la oportunidad de observar a un muñeco o una marioneta llevando a cabo las acciones deseadas de ir al aseo, evacuar, limpiarse y abrocharse la ropa.

Método 4.   *Entrenamiento en autocontrol*

Con el fin de instaurar o fortalecer el autocontrol, cambie las instrucciones que el niño se dice a sí mismo (especialmente si la autoinstrucción es negativa: «Nunca dejaré de mancharme»). El entrenamiento hace que el niño sea más consciente de las circunstancias en las que necesita ir al aseo; va pasando por una serie de etapas; primero el terapeuta modela la ejecución de una tarea, diciendo autoafirmaciones apropiadas y positivas (por ejemplo, «Piensa primero, ¿qué me está diciendo mi cuerpo?», «Dice que mi intestino está lleno: iré al aseo y veré si puedo vaciarlo»). El niño luego practica la misma conducta, primero diciéndolo en voz alta, para luego decirlo murmurando y, al final, en silencio. A los niños se les anima a utilizar las autoinstrucciones con el fin de que puedan observar, evaluar y reforzar las conductas apropiadas en ellos mismos.

Problemas de conducta

A veces la encopresis se acompaña de *problemas de conducta,* muchos de los cuales son estrategias de búsqueda de atención. El niño aprende que ciertos tipos de conducta llaman la atención de sus padres y, en consecuencia, estas formas de comportarse llegan a ser parte de su *patrón habitual* de comportamiento —lo que llamamos su *repertorio*—. Ya que los padres no suelen ser conscientes de lo que está ocurriendo, muchas veces no se dan cuenta de que están reforzando en el niño aquellos comportamientos que desean que desaparezcan. Por ejemplo, puede que refuercen a su hijo prestándole atención cada vez que se porta mal, y le ignoran cuando es cooperativo.

Cómo reducir conductas inadecuadas

Método 5. Tiempo-fuera de reforzamiento positivo (TF)

El tiempo-fuera ha demostrado ser un castigo efectivo si se enseña a los padres como un método disciplinario (Herbert, 1987). El procedimiento intenta disminuir la frecuencia de una conducta indeseable asegurándose de que la sigue la reducción de la oportunidad de recibir refuerzos, o recompensas. En la práctica, podemos elegir entre tres formas de tiempo-fuera:

1. *Tiempo-fuera de actividad,* en el que simplemente se le impide al niño participar de una actividad que le gusta pero sí se le permite que la observe; por ejemplo, tras portarse mal se le hace sentar fuera del juego.
2. *Tiempo-fuera de habitación,* en el que es sacado de una actividad que le gusta, no se le permite observarla, pero no está aislado totalmente; por ejemplo, está de pie en el rincón.
3. *Tiempo-fuera de exclusión* en el que se le aísla de las contingencias positivas en una situación que no sea temible.

El tiempo-fuera puede durar de tres a cinco minutos. Siempre hay que contrabalancear el tiempo fuera con la atención positiva como el juego, la alabanza y el contacto por la conducta adecuada. Los mejores resultados se han obtenido cuando se emplea el refuerzo junto con el tiempo-fuera.

Método 6. Coste de respuesta

El uso de los procedimientos de coste de respuesta implica un castigo que se aplica por el fracaso para llevar a cabo una conducta deseada. Esto puede consistir en la pérdida de recompensas de las que se dispone, como, por ejemplo, cuando no se sienta en el retrete, pierde los privilegios de ver la televisión. Es un rasgo del enfoque colaborativo con este método, al igual que con otros, con el que pedimos a los padres que nos ayuden a buscar soluciones a los problemas.

Un programa de entrenamiento en control de esfínteres

Aplicaciones

— Establecer el uso regular del retrete.
— Restablecer las habilidades de evacuación y el control muscular después de un estreñimiento crónico.

Advertencia

— No debe haber elementos de coerción o castigo.
— Si existe un problema conductual de desobediencia, es importante que el aseo no se convierta en un campo de batalla.
— De forma gradual, pase al niño el control del programa.

Procedimiento

— Haga un chequeo médico por si fuera necesario utilizar un laxante ligero.
— Déle una bebida caliente en el desayuno todas las mañanas.
— 15-20 minutos más tarde lleve al niño al aseo para que intente evacuar.
— No fuerce al niño a permanecer en el retrete más de los cinco minutos necesarios para que evacue.
— Ponga una caja a los pies del niño para que los descanse. Anímele a empujar (por ejemplo, como si estuviera hinchando un globo).
— Sea consciente de las frecuencias diferentes entre los individuos. Use registros de la línea de base (un diario) para determinar si el niño tiene ganas de evacuar todos los

días, día sí día no, o más de una vez al día, y ajuste el programa de acuerdo con esto.

— Continúe supervisando el ir al aseo hasta que el niño haya establecido una defecación apropiada durante dos semanas. Implica llevar al niño al servicio, instigarle a que vaya al aseo, esperando su propia iniciativa e incitándolo cuando no aparece.

— El pasar al niño parte de la responsabilidad es vital (el objetivo del entrenamiento es desarrollar la conciencia del niño de las sensaciones y acciones asociadas con el uso apropiado del aseo).

— Proporcione refuerzos (alabanzas, y, más tarde, un incentivo tangible) tanto por el *esfuerzo* como por el *éxito*.

Nota

Si al niño le da miedo ir al servicio, reduzca su ansiedad haciendo aproximaciones graduales al servicio, llevando a cabo el proceso en pequeños pasos. A continuación ofrecemos un procedimiento de desensibilización:

— Comience a una distancia del servicio a la que el niño esté a gusto (incluso si está a mitad del pasillo).

— Acérquele un poco hacia el aseo.

— A cada paso hacia el aseo, alabe al niño y déle alguna recompensa tangible como una galleta.

— NO coaccione al niño. Pare cuando se esté poniendo demasiado ansioso para que las recompensas le resulten agradables.

— Repita el procedimiento tres veces al día hasta que el niño sea capaz de sentarse cómodamente en el retrete.

APÉNDICE II
Cómo diseñar un programa individual

Cada niño es único y su familia también. Las ganas de ir al retrete también son individuales; hay considerables variaciones en la necesidad de defecar. En los niños sanos las ganas de evacuar pueden surgir varias veces al día, varias veces a la semana, o sólo una pocas veces al mes. Incluso el estreñimiento del niño es individual; cada problema de encopresis se compone de una mezcla particular de causas predisponentes, influencias precipitantes y consecuencias sociales. Significa que no hay una fórmula de conducta ni un programa que se ajuste a todos los casos. Cada programa de encopresis necesita diseñarse individualmente, discutirse y negociarse con la familia. Es vital implicar a los padres y al niño en todos los aspectos del trabajo.

El autor refiere con detalle el diseño de programas en otra parte (véase Herbert, 1987; 1993). Sin embargo, puede ser de ayuda el «guión» (que normalmente se entrega a los padres) de un caso típico de programa.

Guión ejemplo: PROGRAMA DE PEDRO
Organizador: madre de Pedro
Ayudante: maestra de Pedro

Ahora que ha desaparecido el estreñimiento de Pedro el acuerdo es llevar a cabo el siguiente plan que hemos elaborado conjuntamente:

1. Llevar un registro diario de:

   a) Su medicación.
   b) Las veces que va al aseo y los resultados.

2. Pedro tendrá que tomar una bebida caliente en cada comida (ya se ha hablado de su dieta).

3. Ya que el momento de tener más éxito al defecar es después de comer, irá al aseo unos 15 minutos después de cada comida.

4. Pedro se quedará sentado durante al menos cinco minutos. Tendrá algún cómic y su walkman para entretenerse. Sin embargo, ha prometido:

   a) Intentar empujar imaginando (como hemos practicado) que está hinchando un globo.
   b) Tendrá una caja para descansar los pies y ayudarle a empujar.
   c) Incluso si consigue hacer una mínima defecación, continuará intentándolo para conseguir otra.

5. Incentivos. Las recompensas de Pedro por cooperar y ayudarse a sí mismo serán:

   a) Una cara feliz para su registro por intentarlo (y permanecer los cinco minutos).
   b) Dos caras felices más por defecar.

6. La familia mirará los gráficos de Pedro y le animará (nunca criticará) y alabará por intentarlo.

7. Cuando Pedro haya conseguido juntar X caras felices su madre y su padre le llevarán a Y y le comprarán un regalo.

8. Su madre estará en contacto y revisará los progresos del programa en Z días/semanas.

APÉNDICE III

Gráfico de registro del día

Una pegatina de recompensa por: 1) orinar en el retrete, 2) aguantarse.
Rellene una fila por CADA VISITA al aseo.

Nombre .... Semana ....

Fecha	Poner una pegatina por cada visita al retrete	Hora del día	Tenía ganas de ir N = no urgentemente U = urgentemente MU = muy urgentemente	Poner una pegatina cada vez que se aguante	¿Cuánto tiempo te aguantas?

Registro de línea de base nocturna

Anotar si la cama está seca o mojada:

1) antes de que usted se acueste,
2) por la mañana.

Poner S si está seca y M si está mojada.

	Semana 1			Semana 2	
	Noche	Mañana		Noche	Mañana
Lunes					
Martes					
Miércoles					
Jueves					
Viernes					
Sábado					
Domingo					

APÉNDICE V

«Mi registro»

Nombre:

	Día 1	Día 2	Día 3	Día 4	Día 5	Día 6	Día 7
Semana							
No hay mancha ☺							
Hay mancha (M)							
Semana							
No hay mancha ☺							
Hay mancha (M)							
Semana							
No hay mancha ☺							
Hay mancha (M)							
Semana							
No hay mancha ☺							
Hay mancha (M)							

Si no me he manchado, dibujo una cara feliz en el cuadro por la mañana antes del desayuno.

Si he tenido un accidente, pongo una M y la hora en el cuadro.

Registro de incentivos para colorear

Pinta a un niño cada vez que tengas un éxito.

Lunes   Martes   Miércoles   Jueves   Viernes   Sábado   Domingo

Lunes   Martes   Miércoles   Jueves   Viernes   Sábado   Domingo

APÉNDICE VII

Hoja de registro de tratamiento

Nombre ....

En la primera columna, escriba una «M» si el niño estuvo mojado durante la noche; una «S» si estuvo completamente seco.

Noche	M o S	Hora del accidente	Tamaño de la mancha (pequeña / media / grande)	¿El niño se despertó al sonar la alarma?	¿El niño se despertó sin sonar la alarma para ir al retrete por la noche?
Lunes					
Martes					
Miércoles					
Jueves					
Viernes					
Sábado					
Domingo					

Consejos para padres 1

Entrenamiento en control de esfínteres

— El entrenamiento activo es más efectivo cuando el niño está preparado (generalmente entre los 18 y 24 meses, probablemente alrededor de los dos años).

— No hay una única forma correcta de entrenamiento.

— Sea natural, por ejemplo cuando le cambie los pañales al niño explíquele para que sirven y lo que usted está haciendo. Haga lo mismo cuando entre al aseo mientras usted lo usa.

— ¿El entrenamiento supone un estrés emocional para el niño? No, si no le presiona indebidamente. Usted conoce a su hijo y sabe cómo marcarle mejor el paso en el proceso de entrenamiento. Recuerde que puede haber períodos vulnerables, tales como después de una enfermedad o una separación en el que aprender una habilidad nueva y difícil será más complicado.

— Esté preparado para sufrir un revés: es como aprender a montar en bicicleta. Puede haber tambaleos, caídas y otras marchas atrás antes de montar confiado y perfectamente en bicicleta.

A continuación ofrecemos unas tácticas para facilitarle los primeros pasos:

— Anticipar al niño que es regular (sentarlo en el orinal a la hora esperada o cuando son visibles señales indicadoras, por ejemplo, la cara roja).

— Hacer del sentarse en el orinal una parte más de la rutina por las mañanas (antes de vestirse) y de las rutinas por la noche (a la hora de dormir).

— Alabar los éxitos (y esfuerzos).

— Aumentar gradualmente la frecuencia de sesiones en el orinal (evitando forzarlo y las «sentadas» demasiado largas y aburridas).

— Animar al niño a que le diga a usted o a sus cuidadores cuándo ha orinado o ha evacuado. ¡La conciencia de estar mojado o manchado precede a la conciencia de evitar orinarse o defecar encima!

— Con el tiempo quitarle los pañales.

— Enseñar al niño/a a ayudar (y al final arreglárselas) a ponerse y quitarse los calzoncillos o las braguitas.

— Recordarle al niño que pida si quiere el orinal; hay que tenerlo a mano ya que puede tener prisa para sentarse.

— Hacer uso libre de la alabanza y el ánimo por intentarlo y por el éxito; evitar la crítica y el castigo.

— Al final, ir utilizando un retrete adaptado para el niño (puede ser necesario un escalón para que llegue).

Entrenamiento de la vejiga

La mayoría de los niños a los 18 meses están lo suficientemente maduros físicamente para retener la orina durante una o dos horas sin muchos «escapes». Su coordinación, siendo capaz de sentarse cómodamente en el orinal o en el retrete, por ejemplo, es otra señal de estar preparado y también lo es su capacidad para entender instrucciones simples. Si su hijo está preparado, el entrenamiento con el orinal no llevará mucho tiempo. Recuerde que hay amplias diferencias individuales en cuanto a este período de preparación. La asociación entre orinar voluntariamente y sentarse en el orinal será bastante fácil si recuerda poner al niño en el orinal de forma regular. En las primeras semanas le toca a usted anticiparse a las necesidades de su hijo y sugerirle que se siente en el orinal. Siga el programa con tranquilidad y alabe el éxito.

En muchos casos no será necesario hacer un esfuerzo especial para entrenar a su hijo a controlar su intestino y usar el orinal. Lo aprenderá automáticamente evacuando mientras hace pipí. Es importante no provocar miedo o vergüenza si resultara necesario el llevar a cabo el entrenamiento. Una asociación natural y tranquila del orinal y la evacuación (mediante el uso regular del orinal) es la táctica. Los padres perceptivos pueden intuir cuándo su hijo necesita ir al aseo.

Problemas de incontinencia en niños

Ese sentimiento de aislamiento

Con frecuencia los padres sienten que sus hijos son los únicos que mojan la cama o se manchan la ropa y que nadie más sabe lo que es no tener un niño seco y limpio. De hecho, muchos lo saben, pero suelen guardar silencio respecto a ello.

¿Qué es la enuresis?

— La emisión repetida e involuntaria de orina durante el sueño.

Los clínicos son reacios a utilizar estos términos técnicos (enuresis y encopresis) para hacer referencia a un problema de incontinencia hasta que el niño no haya cumplido los cinco y los cuatro años, respectivamente. Ambos problemas frecuentemente aparecen en el mismo niño.

¿Quién se moja o se mancha?

— Niños de todas las clases sociales.
— Niños inteligentes y menos inteligentes.
— Más niños que niñas.

¿Por qué los niños se mojan o se manchan?

Lo hacen por varias razones. Las siguientes son algunas de ellas:

— Tienen un problema físico que precisa atención (por ejemplo, infección de orina o estreñimiento).

— Nunca han aprendido a usar el aseo.

— Están reaccionando al estrés.

— Necesitan recordatorios, incentivos o algún otro tipo de instigador.

— Son inmaduros o con un desarrollo retardado.

— Están confundidos acerca de qué hacer, o (quizá) les da miedo ir al aseo.

¿Qué puedo hacer para ayudarle?

Esto depende de por qué su hijo se mea encima o se mancha. El clínico llevará a cabo una evaluación y discutirá los resultados con usted; propondrá un programa para ayudar a su hijo a aprender a controlarse. La investigación nos dice que los padres son los más indicados para ayudar a sus hijos a solucionarlo. Una colaboración entre los padres, el niño y el clínico es la mejor manera de ir adelante.

Instrucciones para usar el aparato de alarma en la enuresis

— Mientras se usa la alarma, el niño debe dormir desnudo de cintura para abajo. La razón es que los pantalones del pijama o los camisones largos tienden a absorber la orina y retardan que la alarma se dispare; la investigación demuestra que la efectividad terapéutica depende de que la alarma se dispare rápidamente una vez que ha empezado a mojarse.

— Cuando la alarma se dispara durante la noche, el niño tiene que apagar la alarma tan rápido como pueda, y luego terminar de orinar en el aseo antes de volver a la cama.

— Mientras se usa el aparato de alarma debe desistir de despertar al niño para orinar cuando la alarma no ha sonado, ni imponer cualquier restricción en la ingesta de líquidos —a un niño bajo tratamiento se le debe permitir beber todo lo que desee.

— Debe asegurarse de que la alarma funciona y se enciende cada noche. La alarma debe usarse todas las noches, a menos que algunas circunstancias hagan su uso inapropiado (por ejemplo, cuando hay invitados a dormir o cuando el niño está fuera de casa).

— Los registros de tratamiento deberían llevarse a un gráfico. Es vital para la evaluación del progreso que los registros se lleven al día.

— Cuando la alarma se ha disparado tiene que ayudar al niño a despertarse, apagar la alarma e ir al aseo. Cuando la alarma sola no despierta al niño debe despertarlo primero mientras la alarma sigue sonando y animarle a que la apague, guiando su mano si fuese necesario, y sólo apagar la alarma por el niño si el niño parece no darse cuenta de lo que tiene que hacer. No debe apagar la alarma antes de que el niño se despierte, ya que esto impide la asociación entre despertarse y el sonido de la alarma.

— Se debe hacer de nuevo la cama con sábanas limpias y volver a colocar la esterilla del detector, la tela impermeable y la alarma por si ocurriese un segundo accidente. Según la edad, su hijo puede hacerse responsable de esta tarea. Cuando el terapeuta considera que volver a colocar la alarma es excesivo (o la ropa de cama es escasa), puede omitirse, particularmente si el niño raramente se moja más de una vez cada noche. Cuando el niño se moja más de una vez, sin embargo, merece la pena perseverar en volver a colocar el aparato si es posible, ya que normalmente el número de «accidentes» se reduce a uno por noche después de dos o tres semanas de llevar a cabo el tratamiento.

(*Nota:* Las sábanas húmedas deben lavarse antes de volver a usarse, y no sólo secarlas; de otra forma será más probable que se produzcan falsas alarmas resultado de la transpiración.)

Explicación del tratamiento

La base del tratamiento con alarma es un proceso de aprendizaje, y así cada disparo de la alarma puede considerarse como una lección de control de la vejiga.

Es importante apreciar que la alarma no es una «caja mágica» de la que se puede esperar que erradique la enuresis en la primera noche de uso, y que los cambios evidentes a menudo no ocurren durante el primer mes de tratamiento. Hay que resaltar también que el progreso del aprendizaje raramente es regular, sino que suelen haber tantos pasos atrás como avances.

Cómo explicar el tratamiento al niño

«Cuando te mojas una noche, lo que ocurre es que el globo para el pipí que tienes dentro, y que se llama vejiga, se llena y manda mensajes a tu cerebro diciendo que tiene que vaciarse. Tu cerebro, sin embargo, está demasiado dormido para darse cuenta, así que tu vejiga se vacía en la cama y te mojas. Cuando usas la alarma, el timbre te despierta y te impide hacer pipí. Después de un tiempo, tu cerebro se acostumbra a despertarse justo después de que el mensaje le diga que tu vejiga está llena, y en vez de seguir durmiendo aprende a escuchar lo que le dice la vejiga y te despierta a tiempo para ir al aseo o te dice que aguantes un rato.»

CONSEJOS PARA PADRES 4
Cómo explicarle a su hijo el funcionamiento del intestino

Éste es un dibujo de lo que sucede cuando comes. Cuando tragas la comida pasa por un tubo largo enrollado dentro de tu tripa. Necesitas la mayor parte de lo que comes para crecer y mantenerte fuerte y sano, pero parte de esta comida no se necesita y pasa por el tubo hasta el final por la acción de los músculos, igual que cuando aprietas el tubo de la pasta de dientes. Cuando la comida llega al final del tubo en tu tripa, se manda un mensaje al cerebro diciendo «Necesito ir al aseo»; y se manda un mensaje a los músculos diciendo «Es la hora de abrir y de que salga la comida».

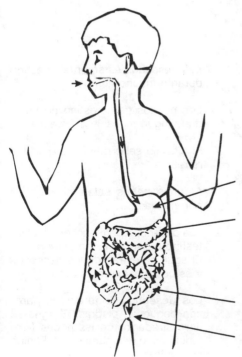

Se extrae lo mejor de la comida.

El desecho va al intestino.
El agua se saca del desecho para hacerlo consistente.

Los nervios del intestino transmiten mensajes al cerebro que indican que es hora de ir al retrete.

Los músculos del intestino se relajan y las heces se expulsan.

Consejos para padres 5
Cómo explicarle a su hijo la encopresis

Si no vas al aseo cuando te lo dice tu cerebro, entonces se almacena cada vez más caca al final del tubo en tu tripa y no puede salir bien ya que hay demasiada, y te duele. Por eso, para ayudar a que salga, necesitas ir al médico quien te dará alguna medicina para que la caca salga y que el tubo de tu tripa esté bien y desbloqueado.

Para que la caca no se almacene en tu tripa, tienes que conseguir que tus músculos vuelvan a funcionar bien para empujar la comida a través del tubo y abrirse para dejar que salga la caca.

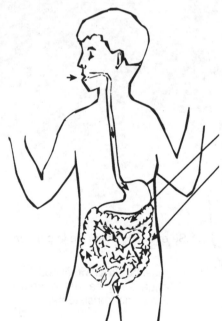

Los desechos están en el intestino durante mucho tiempo.

Los nervios del intestino no mandan ningún mensaje al cerebro.

El niño no sabe que tiene que ir al retrete.

Algunas heces salen expulsadas por sí solas.

Los desechos permanecen en el intestino durante mucho tiempo.
El agua se extrae de los desechos y éstos se hacen más duros.

Los desechos endurecidos parecen pequeñas piedras. El agua se filtra alrededor de las heces («retención con rebosamiento»). El niño no controla.

Cómo poner límites y favorecer la paternidad positiva

Introducción

Propósitos

El propósito de este capítulo es ayudar a los profesionales a abordar la cuestión de la disciplina positiva con padres que tienen dificultades para manejar a sus hijos.

Objetivos

Los objetivos de este capítulo son proporcionar a los profesionales la información y las habilidades para ayudar a los padres (y otros cuidadores) a conseguir un equilibrio entre ser demasiado permisivo y demasiado restrictivo con los niños. Esto implica:

— Establecer límites firmes y equitativos.
— Comunicar normas razonables y apropiadas.
— Proporcionar instrucciones y órdenes claras, correctas pero asertivas.
— Elogiar y estimular la cooperación.
— Aplicar consecuencias consistentes a la mala conducta.

Los límites conductuales son los mensajes que transmiten las normas y expectativas de los padres a los hijos. También definen el balance de poder y autoridad en las relaciones familiares y constituyen un elemento crucial en la crianza del niño.

Diversos estudios nos indican que los niños cuyos padres les ponen límites firmes crecen con una mayor autoestima y confianza que aquellos a los que se les permite salir impunes comportándose de cualquier manera. Es importante, sin embargo, dar a los jóvenes alguna libertad de elección dentro de unos *límites razonables*. La investigación también nos dice que los niños bien adaptados suelen tener padres que son cálidos, que dan apoyo, controlan razonablemente y, además, tienen altas expectativas. Un control paterno firme se asocia con la independencia del niño, con tal que el control no reduzca sus oportunidades de experimentar y ser espontáneo (véase Herbert, 1974; 1991).

Permítannos dar el ejemplo de un niño que no respetaba los límites. Las palabras proceden de una madre preocupada, hablando de su hijo de cuatro años, Roberto:

> Antes de nacer su hermana Ana, Roberto era el «rey de la casa». Le encantaba ser el centro de atención cuando estaba enfermo, disfrutaba de los privilegios de ser hijo único y estaba empezando a ser muy astuto en salirse con la suya. Estaba muy celoso del nuevo bebé. Las horas de las comidas de Ana eran una pesadilla porque Roberto se aprovechaba de mi inmovilidad para ser desobediente y agresivo con Ana y conmigo. No podía soportar que ella estuviera cerca de mí, y era tan rencoroso que no me arriesgaba a dejarlo a solas con ella, incluso durante unos minutos. Le tiraba cosas a la cuna, le empujaba y le arañaba. A veces intentaba volcar la cuna.

Conforme pasaba el tiempo, Roberto se convirtió en un pequeño déspota. Era cada vez más agresivo, más testarudo, se pegaba a su madre, era inseguro y ansioso, y desobediente a todas horas. Sin embargo, ya que las conductas de Roberto, inseguridad, rabietas, desafío, agresividad, etc.— están presentes en la *mayoría* de los niños, ¿pueden llamarse realmente anormales o problemáticas?

No hay una distinción clara entre las características de los niños problemáticos y las de otros niños. Las diferencias son relativas; no hay síntomas *absolutos* del desajuste psicológico en niños. La mayoría de los niños, a veces, son difíciles y los padres tienden a ser culpados. «No hay niños problemáticos, sólo padres con problemas» es un aforismo simplista y engañoso, reflejado en el siguiente texto:

> Los viejos tiempos en que, aunque parezca mentira, se les veía a los niños pero no se les oía, llevaban una vida sencilla, en definitiva, eran bien educados.

No se trata, como podría pensarse, de una abuela actual lamentándose de la desaparición de las prácticas de educación estrictas y de los niños obedientes. Estas líneas son de Aristófanes, y se remontan al siglo quinto antes de Cristo. Sin embargo, es una afirmación *relativamente* moderna; una inscripción descubierta y atribuida a un sacerdote egipcio se hace eco de la queja —hace unos 6.000 años— de que nuestra tierra está degenerando; los niños ya no obedecen a sus padres. ¡Nada ha cambiado!

Disciplina

Disciplina positiva

Este capítulo recomienda una disciplina positiva para discutir y debatir con los padres; una que proporciona una alternativa a los extremos contraproducentes del castigo autoritario y la permisividad *«dejad hacer, dejad pasar»*. La suposición aquí es que la disciplina tiene que tener en cuenta la vida *emocional* del niño (o adolescente), las tareas de desarrollo a las que se enfrentan y les retan en las etapas diferentes de su crecimiento. Si pensamos en la disciplina como un medio hacia un fin, como una guía, entonces el mejor momento para empezar es lo más pronto posible, dando ejemplo mediante una relación de respeto, confianza y afecto.

La disciplina consiste, entre otras cosas, en *poner límites*. Es una de las tareas más duras para los padres, especialmente cuando se trata de niños y adolescentes que quieren descubrir la vida y hacer las cosas *por sí mismos*. Otra dificultad tiene que ver con las tácticas o métodos: el aspecto de *cómo* educar. Hay distintos enfoques y diferentes filosofías asociados con la palabra «disciplina». Para mucha gente la disciplina es equiparada incómodamente con las palabras «castigo» y «represión», con el resultado, a veces, de que los padres se muestran imprecisos e inconsistentes a la hora de educar a sus hijos por miedo a parecer anticuados, reaccionarios o abiertamente intrusos. El cuidado y el control son los aspectos de desacuerdo entre padres e hijos durante los «terribles años de adolescencia», los adolescentes acusan a sus desalentados padres de estar «chapados a la antigua». La afirmación siguiente podría proceder de uno de estos padres:

> Ahora los niños aman el lujo. Tienen malas maneras, desprecian la autoridad, no muestran respeto por sus mayores y les encanta molestar. Ya no se levantan cuando entran personas mayores. Contradicen a sus padres, engullen golosinas en la mesa, cruzan las piernas y son tiranos con sus maestros.

Esta voz quejumbrosa pertenece a Sócrates. Aparentemente los maestros del siglo cuarto antes de Cristo, como sus equivalentes modernos, tenían que enfrentarse a alumnos destructivos. Aun así, el fracaso en la disciplina se ve como un fenómeno relativamente contemporáneo y se le echa la culpa de muchos problemas actuales.

Los padres jóvenes están avisados de los peligros de consentir a sus hijos, una forma de promover los malos hábitos y la indisciplina. Esa voz de Sócrates, que se escucha a través de los siglos, nos recuerda que la generación más antigua siempre ha mirado con recelo la falta de disciplina, obediencia y respeto entre la juventud. Las razones no son difíciles de encontrar. La obediencia a las reglas, si son establecidas por convención, codificadas en leyes, o dentro de nuestras conciencias, es un prerrequisito para la vida social. Todos los padres y profesores en algún momento son acosados por niños desobedientes. Pero existe la *desobediencia* y existe el *desafío serio*. Los padres y profesores son más sensibles a que se rompan ciertos tipos de reglas frente a otras, particularmente aquellas que implican lo que se puede denominar reglas morales. Es cuando su hijo miente, roba, hace trampas o agrede a otros que los padres se sienten más perturbados.

Cuando hay pocos límites

Por supuesto, hay un comportamiento difícil y hay un comportamiento *realmente* difícil. De acuerdo con la clasificación de trastornos de la infancia (criterios DSM-IV) de la Asociación Americana de Psiquiatría (APA, 1993), el *trastorno de oposición desafiante* tiene mucho que ver con la dificultad del niño para reconocer y/o ajustarse a los límites establecidos. El diagnóstico de trastorno de oposición desafiante supone un patrón de conducta negativista, hostil y desafiante durante al menos seis meses y que estén presentes cuatro de los siguientes aspectos:

— Se enoja frecuentemente.
— A menudo discute con adultos.
— Con frecuencia hace cosas que molestan a otras personas deliberadamente.
— Suele culpar a los demás de sus errores.
— Se ofende o se molesta fácilmente.
— Con frecuencia está enfadado y resentido.
— A menudo es rencoroso.

Melinda (citado en Webster-Stratton y Herbert, 1994) mostraba todos los signos del trastorno de oposición desafiante a la edad de seis años:

> Grita y tiene rabietas cuando no se sale con la suya en el colegio. También se comporta impulsivamente y es hiperactiva en clase. Sus profesores han amenazado con expulsarla por estas conductas. Su madre dice que en casa Melinda arroja las sillas y la amenaza con cuchillos. Se queja sin cesar para conseguir lo que quiere y se niega a lavarse los dientes, a vestirse o a irse a la cama. Su madre se siente incapaz de salir a la calle con Melinda debido a sus rabietas. Su madre afirma que cada petición implica una serie de negociaciones intensivas. Recuerda que Melinda ha sido difícil desde los ocho meses de edad. La madre dice sentirse exhausta y atrapada, aislada de otros adultos por su situación e incapaz de invitar a amigos a casa. Siente que su hija chantajea, tanto a sus padres como a sus profesores, para conseguir lo que quiere mediante sus estallidos agresivos, que duran a veces más de una hora.

Niños mimados

Las palabras de Aristófanes tienen una resonancia particularmente intensa para los padres a la luz de las incertidumbres actuales acerca de la crianza de los niños. Las madres jóvenes, en particular, están avisadas de los peligros de malcriar a sus hijos, fomentando malos hábitos e indisciplina. A los padres se les empuja en dos direcciones; si son demasiado permisivos, el niño se convertirá (según se dice) en un «satélite» demasiado dependiente de sus padres o un tirano egocéntrico, impopular y testarudo. Pero si son demasiado restrictivos, autoritarios y punitivos, su disciplina producirá una conformidad esclava y una nulidad neurótica y sumisa.

¿Puede uno realmente malcriar a un niño al permitirle manifestar sus necesidades de dependencia, por ejemplo, llorando para que se le coja en brazos? Entre las cosas que necesita en abundancia están la atención, la estimulación y la compañía íntima. La madre que tiene una actitud de aceptación y tolerancia hacia la conducta de dependencia tenderá a ser sensible al llanto de su bebé, cogiéndolo bastante rápidamente. Tal sensibilidad no se asocia con una posterior dependencia «pegajosa» en los niños (véase Herbert, 1991, para una discusión sobre la valoración e implicaciones de la sensibilidad de los padres).

El problema con las necesidades de dependencia es que todos los niños han disfrutado de ser atendidos, incluso el padre más desganado ha tenido que atender ciertos deseos de su hijo. Así, el niño sabe lo que se está perdiendo y reclama más, especialmente si no se le ha disuadido con el castigo. Aquí es donde el entrenamiento en dependencia difiere del entrenamiento en asuntos como el sexo o la agresividad. Los niños raramente son animados a sabiendas, es decir recompensados, por la conducta sexual o agresiva.

Conformidad

Un niño puede ser demasiado sumiso a la autoridad, a la influencia coercitiva del individuo o del grupo. ¿Defenderá sus propios derechos o puntos de vista, o cederá dócilmente a los deseos y actitudes de otros? En el mejor de los casos, el niño aprenderá a discriminar entre lo deseable e indeseable de la gente, y entre las demandas y valores particulares. Sin embargo, en recompensa por la obediencia absoluta, algunos padres consienten todos los caprichos de sus hijos en un intento de prolongar su infancia y mantenerlos pegados a sus faldas.

El «síndrome del malcriado»

Los niños criados de esta forma probablemente se convierten en «pequeños tiranos adorables» a los ojos de su mamá y su papá, pero «mocosos malcriados» desde el punto de vista de otros. Los desconocidos ven un carácter explotador que usa estratagemas —encanto, mimos, halagos e intimidaciones— para salirse con la suya. A menos que lo frenen las experiencias de la realidad, el niño puede continuar jugando el papel de tirano querido en la vida adulta, animado por sus padres siempre solícitos. Esta infancia continua deja al *enfant terrible* con una ilusión permanente de omnipotencia.

Socialización

Uno de los objetivos fundamentales de la socialización es la preparación de los niños para el futuro. El desarrollo social es un proceso vital que se basa en la paradoja de que somos, al mismo tiempo, criaturas *sociales e individuales*. Nos juntamos con otros de muchas maneras pero, en última instancia, estamos solos en el mundo.

Asimilación y acomodación

El impulso biológico básico de todos los seres vivos para adaptarse, modificándose a sí mismos y al ambiente, se refleja en dos procesos interrelacionados. La *asimilación* implica la adaptación del ambiente a uno mismo y representa el uso individual de su ambiente como lo percibe. La *acomodación* es el proceso inverso a la asimilación e implica el impacto del ambiente sobre el individuo. Acomodar es percibir e incorporar la experiencia proporcionada por el ambiente como es realmente.

Se puede decir que el desarrollo social maduro es el logro de un equilibrio entre la asimilación y la acomodación, entre las necesidades egocéntricas de uno mismo y la preocupación altruista por los demás. Otra forma de expresarlo es del siguiente modo: el desarrollo de una personalidad sana y con relaciones sociales satisfactorias puede describirse en términos de un balance entre la necesidad del niño de hacer demandas a otros, y su habilidad para reconocer las demandas que otros le hacen a él.

Este proceso comienza durante el primer año de vida, un año que es fundamental pero no irreversible para el desarrollo del niño. En el espacio de 365 días tienen lugar tantos acontecimientos decisivos que al cumplir un año se puede decir que el recién nacido asocial ya forma parte de la raza humana.

La disciplina se convierte en un aspecto muy real en el segundo año de vida del niño, aunque las bases de unas buenas prácticas disciplinarias deberían haberse establecido mucho antes mediante el cuidado responsable y cariñoso y el establecimiento gradual de rutinas. Las nociones del bien y el mal, un código de conducta, un conjunto de actitudes y valores, la capacidad para ver el punto de vista de los otros —todas las cualidades básicas que convierten a un individuo en una personalidad socializada— son alimentadas en primer lugar por los padres.

La importancia de la confianza

Se puede decir que el primero y más importante paso en la socialización del niño ocurre cuando se desarrolla una *voluntad* de hacer lo que se le pide. La relación de confianza y afecto del niño con sus padres es crítica, ya que asegura que el niño está esencialmente del mismo lado que aquellos que le están enseñando las lecciones sociales y morales de la vida. El niño se identifica con sus padres y, de este modo, es más probable que internalice los valores y reglas que le están transmitiendo. La socialización implica disciplina, algo que no siempre es bien acogido por los niños.

Sin embargo, los niños que siempre hacen lo que quieren pueden interpretar esa permisividad como indiferencia; sienten que nada de lo que hacen es lo bastante importante para que sus padres se preocupen (véase Herbert, 1974; 1989; 1991 para una revisión sobre el tema).

Disciplina

Las madres y los padres necesitan ser firmes a veces, fuertes al mismo tiempo que cariñosos, pero también flexibles en los momentos cruciales.

También necesitan saber cuándo pasar de una postura a otra. Esta combinación se adapta a las recomendaciones de especialistas infantiles que están interesados en la promoción de actitudes que formen niños que sean socialmente responsables y abiertos, amigables, competentes, creativos, razonablemente independientes y asertivos.

El equilibrio se ilustra mejor en la filosofía de lo que se denomina «padre autoritativo». Estos padres intentan dirigir las actividades de sus hijos de una manera racional determinada por los aspectos implicados en situaciones específicas de disciplina. Animan la comunicación verbal, y comparten con el niño el razonamiento que hay tras su actitud. Valoran tanto la autoexpresión del niño como su respeto por la autoridad y el trabajo. Las conclusiones sacadas de la literatura sobre padres, según Diana Baumrind (1971), apunta hacia una síntesis y equilibrio entre las fuerzas opuestas de la tradición y la innovación, la divergencia y la convergencia (es decir, el pensamiento poco convencional y el convencional), la acomodación y la asimilación, la cooperación y la expresión independiente, la tolerancia y la intratabilidad establecida.

Esto puede ilustrarse en el caso de la madre que aprecia tanto la voluntad independiente como la conformidad disciplinada. Ejerce un control firme en aquellos puntos en los que ella y su hijo no están de acuerdo, pero no acorrala al niño con sus restricciones. Reconoce sus propios derechos como un adulto, pero también reconoce los intereses particulares del niño. Afirma las cualidades presentes del niño, pero también establece normas para conductas futuras mediante la razón y el poder con el fin de lograr sus objetivos. Sus decisiones no se basan únicamente en el consenso del grupo o en los deseos del niño, ni tampoco se considera infalible o con inspiración divina.

Tres formas de disciplina

La filosofía que podría subyacer a las distintas formas de disciplina es el tema del libro de Robert MacKenzie (1993) *Cómo poner límites*. Este autor sugiere que la mayoría de los padres utilizan métodos disciplinarios basados en tres enfoques básicos del entrenamiento: *democrático, permisivo* y *autoritario* (punitivo/autocrático). Se cree que cada aproximación enseña al niño o adolescente un conjunto diferente de lecciones acerca de la cooperación, la responsabilidad y las expectativas de lo que es un comportamiento aceptable o inaceptable. Estas tres formas de disciplina se resumen en la tabla 3.1.

TABLA 3.1
Tres formas de disciplina

Forma de disciplina	Límites	Métodos de solución de problemas
Democrática.	Libertad dentro de unos límites.	Mediante la cooperación y responsabilidad.
Permisiva.	Libertad sin límites	Mediante la persuasión.
Autoritaria.	Límites sin libertad.	Mediante la fuerza.

Padres democráticos

MacKenzie describe el enfoque democrático de los padres del siguiente modo:

Creencias de los padres

— Los niños son capaces de resolver problemas por sí mismos.
— A los niños hay que dejarles elegir y aprender de las consecuencias de sus decisiones.
— El alentar o reforzar es una forma efectiva para fomentar la cooperación.

Poder y control

— A los niños se les da tanto poder y control como pueden manejar.

Proceso de solución de problemas

— Cooperativo.
— Ganar-ganar (niño *y* padres ganan).
— Basado en el mutuo respeto.
— Los niños son participantes activos en la solución de problemas.

Lo que aprenden los niños

— Responsabilidad.
— Cooperación.
— A los niños hay que dejarles elegir y aprender de las consecuencias de sus decisiones.
— Alentar o animar es un medio efectivo para promover la cooperación.

Padres permisivos

La permisividad se ha convertido en una palabra emotiva. Cuando los adultos se retuercen las manos y se lamentan de nuestra «sociedad permisiva», olvidan que se estarán juzgando a sí mismos; son ellos quienes han llevado a cabo la socialización de los más jóvenes que ahora desaprueban. La palabra «permisividad» tiene un significado técnico (véase a continuación), y también un significado popular, con la connotación principal de «disciplina laxa». No se debe utilizar el término sin saber lo que pasa dentro de la familia. Un niño al que se le permite hacer siempre lo que le gusta dentro de un ambiente familiar hostil, es muy diferente del niño al que se le da esta libertad en una familia con un clima de apoyo y amor.

La palabra «permisividad» a veces se usa para definir el extremo de la dimensión de libertad —una licencia para que el niño haga todo lo que desee—. Con todo, hay muchos grados de libertad permitidos. MacKenzie (1993) resume el enfoque permisivo como sigue.

Creencias de los padres

— Los niños cooperan cuando entienden que la cooperación es lo correcto.
— Mi trabajo es servir a mis hijos y hacerles felices. Las consecuencias que desagraden a mis hijos no pueden ser efectivas.

Poder y control

— Todo para los niños

Proceso de solución de problemas

— Solución de problemas por persuasión.
— Ganar-perder (los niños ganan).
— Los padres resuelven la mayoría de los problemas.

Lo que aprenden los niños

— «Las reglas son para los otros, no para mí. Hago lo que deseo».
— Los padres sirven a los niños.

— Los padres son responsables de solucionar los problemas de sus hijos.
— Dependencia, falta de respeto, egocentrismo.

Cómo responden los niños

— Poniendo a prueba los límites.
— Desafiando las reglas y la autoridad.
— Ignorando y desconectándose de las palabras.
— Agotando a los padres.

Padres autoritarios

Los padres autoritarios intentan moldear, controlar y valorar el comportamiento y actitudes de su hijo de acuerdo a una serie de normas de conducta (normalmente unas normas absolutas) motivadas por consideraciones ideológicas (los hijos son su propiedad; ellos tienen que obedecer) o teológicas, tales como dogmas religiosos respecto a la moral, y formuladas por una autoridad más alta (Dios o la Iglesia). Valoran la obediencia como una virtud y favorecen las medidas punitivas para frenar la propia voluntad del niño en aquellos puntos donde las acciones o creencias del mismo entran en conflicto con lo que se cree que es la conducta correcta. Los hijos deben adoctrinarse en valores tales como el respeto a la autoridad, al trabajo y a la preservación del orden tradicional. Estos padres no alientan la comunicación verbal, creyendo que el niño debe aceptar sus palabras como lo correcto. MacKenzie resume el enfoque autoritario del siguiente modo.

Creencias de los padres

— Si no duele, los niños no aprenden.

Poder y control

— Todo para los padres.

Proceso de solución de problemas

— Solución de problemas a la fuerza.
— Confrontación.
— Ganar-perder (los padres ganan).
— Los padres resuelven los problemas y toman todas las decisiones.
— Los padres dirigen y controlan el proceso.

Lo que aprenden los niños

— Los padres son responsables de solucionar los problemas de los niños.
— Métodos dañinos de comunicación y de solución de problemas.

Cómo responden los niños

— Ira, testarudez.
— Venganza, rebelión.
— Introversión, sumisión temerosa.

Recuerde: éstas son generalidades; caricaturas, pero reconocibles. Generalmente, hay varios matices de grises y variaciones en estas amplias orientaciones de disciplinas.

El punto medio

La investigación en las técnicas de crianza de los niños sugiere que hay un procedimiento satisfactorio —un punto medio— pero no siempre fácil de conseguir en la práctica. Los extremos de la permisividad y las restricciones suponen riesgos. Por ejemplo, la evidencia indica que la dominación adulta, estricta y autocrática puede formar un niño conformista, pero limitado en su iniciativa (Herbert, 1974).

Ese niño puede convertirse en un sujeto pasivo, soso, sin imaginación ni curiosidad y, además, con la carga de la timidez y el sentimiento de incapacidad. Los hijos de padres dominantes carecen de autoconfianza y de la habilidad para afrontar de forma realista los problemas, y más tarde pueden fracasar (o tardar más) en aceptar las responsabilidades adultas. Tienen tendencia a ser sumisos y obedientes, y evitan las situaciones que les parecen difíciles.

El hijo de padres democráticos y cálidos se cría y aprende principalmente mediante el cariño, tiene buenos modelos con los que identificarse y a quien imitar, se le dan razones de los actos y las reglas, y la oportunidad de aprender de sí mismo (por ensayo y error) cómo sus actos afectan a los demás y a ellos mismos. Diversos estudios nos dicen que los niños bien adaptados suelen tener padres afectuosos, educativos, que apoyan, que controlan razonablemente y también tienen expectativas altas. El control firme se asocia con la independencia en el niño, siempre que el control no frene sus oportunidades de experimentar y ser espontáneo (véase Herbert, 1974; 1989).

El desarrollo de una personalidad sana y el establecimiento de relaciones sociales satisfactorias puede describirse como el resultado de un equilibrio entre la necesidad del niño de hacer demandas a los otros, y su habilidad para reconocer las demandas que los otros le hacen a él. Una mezcla de límites y una actitud afectuosa, alentadora y de aceptación por parte de los padres se ilustra muy bien en el denominado padre «democrático» o «autoritativo».

Tácticas de disciplina

Cómo enseñar a los padres a elogiar

Para motivar la conducta no son suficientes las normas o afirmaciones sobre el comportamiento deseado; la única forma de que un niño aprenda una conducta determinada es reforzándola. Una orden o norma que no se refuerza cuando se cumple no se mantendrá en el futuro.

Algunos padres no creen que deban reforzar a sus hijos por sus comportamientos cotidianos, mientras otros no saben cómo o cuándo alabarles y alentarles. Quizá ellos mismos recibieron pocos elogios de sus propios padres cuando eran más jóvenes. Desacostumbrados a escuchar elogios, tienden a no darse cuenta del valor de alabar la conducta de su hijo.

Los padres pueden aprender a responder a los comportamientos positivos y a elogiarlos (o reforzarlos). A continuación ofrecemos los principales puntos a resaltar cuando se habla con los padres del comportamiento de su hijo:

— Dar el refuerzo sólo tras las conductas adecuadas.
— Alabar inmediatamente.
— Dar un refuerzo específico.
— Proporcionar refuerzo positivo, sin juicios ni sarcasmos.
— Reforzar con sonrisas, contacto visual y entusiasmo, así como con palabras.
— Acariciar, abrazar y besar junto con el refuerzo verbal.
— «Pillar» al niño siempre que haga algo bien, no ahorrar los halagos para los comportamientos perfectos.
— Utilizar el refuerzo de manera consistente cuando vea la conducta positiva que quiere fomentar.
— Reforzarle delante de otras personas.
— Aumentar el refuerzo con niños difíciles.
— Enseñar al niño a reforzarse a sí mismo por comportamientos apropiados.

Algunas personas dan refuerzo y luego, sin darse cuenta de ello, restan el efecto siendo sarcásticos o combinándolo con un comentario hiriente. Es una de las cosas más perjudiciales que puede hacer un padre.

Nota: Para algunos niños oposicionistas y retadores, al principio el elogio paterno no es lo bastante reforzante para cambiar la conducta problemática. Sin embargo, los padres pueden usar una recompensa tangible para proporcionar el incentivo añadido necesario para que el niño consiga un objetivo determinado. Una recompensa tangible es algo concreto, como una sorpresa, un privilegio o su actividad favorita. Las recompensas tangibles se pueden usar para alentar comportamientos positivos como jugar con sus hermanos de forma cooperativa, aprender a vestirse, estar listo a tiempo para ir al colegio, hacer los deberes, ordenar su habitación, etc. Cuando los padres están empleando recompensas tangibles para motivar a su hijo a aprender algo nuevo, hay que recalcar la importancia de continuar dando, al mismo tiempo, recompensas sociales (es decir, atención y elogios). El impacto es mucho mayor cuando se combinan ambos tipos de refuerzo.

Los sistemas de refuerzo (o *programas operantes*) serán efectivos sólo si los padres:

— Definen el comportamiento deseado claramente.
— Eligen recompensas efectivas (es decir, recompensas que el niño encuentre suficientemente reforzantes).
— Ponen límites consistentes respecto a qué conductas recibirán refuerzo.
— Hacen un programa sencillo y divertido.
— Van paso a paso.
— Supervisan los registros (véanse ejemplos en apéndices I y II al final del capítulo).
— Dan el refuerzo inmediatamente.
— Evitan mezclar el refuerzo con el castigo.
— Reemplazan progresivamente el refuerzo con la aprobación social.
— Revisan el programa a medida que cambian las conductas y los refuerzos.

Aunque los programas de reforzamiento puedan parecer simples, hay muchos fallos que deben evitarse para que sean efectivos. El terapeuta tiene que invertir tiempo revisando los registros y solucionando los problemas complicados que aparecen cuando los padres inician estos programas (véase Herbert, 1987; Webster-Stratton y Herbert, 1994). Los registros aparecen en los apéndices I y II.

Cómo poner límites

Después de haber enseñado a los padres a utilizar el juego, el elogio y las recompensas para promover comportamientos más apropiados en sus hijos, puede ayudarles a aprender cómo disminuir las conductas inapropiadas mediante un establecimiento de límites efectivos. De hecho, las investigaciones indican que en las familias que no comunican claramente las normas es más probable que los niños sean desobedientes.

Sin embargo, mientras que es esencial poner límites para ayudar a los niños a comportarse más apropiadamente, también es importante recordar que todos los niños ponen a prueba las reglas y normas paternas. Los estudios demuestran que los niños normales no obedecen a sus padres una de cada tres veces. Los niños más pequeños replican, chillan o tienen rabietas cuando se les quita un muñeco o se les prohíbe una actividad deseada. Los niños en edad escolar discuten o protestan cuando se les prohíbe algo que quieren. Este comportamiento es normal y es una expresión irritante pero sana de la necesidad de independencia y autonomía del niño.

Todo esto está muy bien en el caso de un niño normal, pero el niño con trastornos de conducta se diferencia en que desobedece a las peticiones de sus padres dos de cada tres veces, es decir, el padre está en una lucha por el poder con el niño la mayoría del tiempo. Esta frecuencia de desobediencia hace difícil para los padres socializar a sus hijos de manera adecuada y, entonces, poner límites llega a convertirse en algo esencial (véase figura 3.1).

Cómo enseñar a los padres a usar habilidades de «tiempo-fuera» efectivas

En los inicios de la intervención, el objetivo principal es enseñar a los padres la importancia de proporcionar al niño una comunicación continua y regular y expresarle su cariño, apoyo y comprensión. Lo siguiente es enseñar a los padres cómo poner límites claros y consecuencias por la desobediencia de sus hijos. Cuando los niños son agresivos y desobedientes muchos padres intentan darles unos azotes, sermonearles, criticarles y expresarles desaprobación. Estos métodos de disciplina son poco efectivos y, normalmente, los padres de niños agresivos se encuentran dentro de una espiral de cada vez más gritos para hacer que su hijo

	Límites firmes	Límites laxos
Características	Afirmaciones claras, directas y en términos conductuales concretos.	Afirmaciones poco claras o «mensajes mixtos».
	Palabras apoyadas por acciones.	Las acciones no apoyan las reglas.
	Se exige la obediencia.	La obediencia es opcional, no exigida.
	Se da de la información necesaria para tomar decisiones aceptables y cooperar.	No se da la información necesaria para tomar decisiones aceptables.
	Proporciona responsabilidad.	Falta responsabilidad.
Resultados probables	Cooperación.	Resistencia.
	Disminuye la puesta a prueba de los límites.	Aumento de la puesta a prueba de los límites.
	Comprensión clara de normas y expectativas.	Escalada de desobediencia, lucha de poder.
	Respeto a las palabras de los padres.	Se ignoran las palabras de los padres.
Lo que aprenden los niños	«No» significa «No».	«No» significa «Sí», «Algunas veces» o «Quizá».
	Se espera y exige que siga las normas.	No se espera que siga las normas.
	Las normas se aplican a mí como a todo el mundo.	Las normas son para otros, no para mí.
	Soy responsable de mi propia conducta.	Yo tengo mis propias normas y hago lo que quiero.
	Los adultos hablan en serio.	Los adultos no hablan en serio.
		Los adultos son responsables de mi comportamiento.

Figura 3.1.—Comparación entre límites firmes y laxos (adaptado de MacKenzie, 1993).

les obedezca. De hecho, regañar, criticar, pegar, gritar, o incluso discutir con los niños mientras se portan mal son formas de atención de los padres y, por tanto, refuerzan ese mal comportamiento; así los niños aprenden a regañar, criticar, pegar, gritar o discutir en respuesta a sus padres.

El *tiempo-fuera* se puede enseñar a los padres para que lo empleen en problemas de alta intensidad, como las peleas, desafíos, golpes y el comportamiento destructivo. El tiempo-fuera es, en realidad, una forma extrema de ignorar, en la que se separa a los niños, durante un breve período de tiempo, de todas las fuentes de reforzamiento positivo, especialmente la atención del adulto.

Cuando se introduce este método, hay que animar a los padres a perseverar. Recordarles que algunos comportamientos tardan mucho en cambiar. Si siguen la ley del mínimo esfuerzo, si ceden sólo una vez, se encontrarán en una situación peor que cuando empezaron. Hay que decirles que no se desanimen si las cosas empeoran en vez de mejorar. Si al niño le quitan los reforzadores habituales, puede insistir (mediante una escalada de gritos) para que se los den otra vez.

Puntos para resaltar a los padres:

— No amenazar con el tiempo-fuera a menos que estén preparados para seguirlo hasta el final.
— Hacer períodos de tiempo-fuera de tres a cinco minutos con repeticiones si el niño rehúsa obedecer una orden razonable.
— Ignorar al niño mientras está en tiempo-fuera.
— Estar preparado a que su hijo ponga a prueba su resolución.
— Hacer responsable al niño del desorden durante el tiempo-fuera.
— Apoyar a la pareja cuando usa el tiempo-fuera.
— Limitar con cuidado el número de conductas en las que se usa el tiempo-fuera.
— No confiar exclusivamente en el tiempo-fuera. Combinarlo con otras técnicas, como ignorarlo, las consecuencias lógicas, y la resolución de problemas.
— Esperar ensayos repetidos de aprendizaje.

— Usar enfoques no violentos tales como la pérdida de privilegios como apoyo al tiempo-fuera.

— Utilizar el tiempo-fuera personal para relajarse y reponer su energía.

— Ser educado.

— Acumular una «cuenta bancaria» con elogio, cariño y apoyo.

Cómo enseñar a los padres a utilizar el coste de respuesta

Si un niño hace algo, y a consecuencia de esta acción, le ocurre algo no reforzante —una sanción—, entonces será menos probable que lo vuelva a hacer en el futuro. Un coste (una multa, perder un privilegio) por portarse de esa forma significa que es menos probable que se comporte así otra vez. Por ejemplo, si el padre dice algo como, «Juan, como estás tirando la cena, está claro que ya no quieres más» y le retira el plato cada vez que esto ocurra, es muy probable que Juan no vuelva a tirar la cena.

Un niño aprende a comportarse de forma positiva (por ejemplo, no romper los juguetes) para evitar un castigo (como que le quiten todos los juguetes). Un aviso de castigo puede ser suficiente. El término técnico aplicado a hacer más de algo para evitar un castigo es el de *reforzamiento negativo*.

Algunos ejemplos de reforzamiento negativo

Si María no para de levantarse de la mesa, se le puede decir que la próxima vez que se levante la comida habrá terminado para ella. No se debe intentar persuadirla para que coma ni darle ninguna galleta u otra cosa antes de la próxima comida.

Si Pedro demanda (gritando) ir a los columpios, sus padres pueden decidir lo que creen que es lo más indicado, *y permanecer firmes*. Pueden avisarle de que no podrá jugar con el ordenador esa tarde si continúa con la rabieta. Es probable que sus rabietas disminuyan cuando aprenda que no consigue ni salirse con la suya ni ganar atención. Tampoco quiere que le prohíban jugar con el ordenador. (*Nota:* debe tomarse en serio las advertencias de sus padres.)

Si Daniel corre por toda la casa al volver de la guardería, se le dice que una actividad habitual que le gusta, por ejemplo hacer un puzzle con mamá, va a comenzar dentro de un minuto. Se debe mantener la oferta solamente durante un minuto para que aprenda que tiene que dar una respuesta rápida a las cosas que le gustan.

Cómo enseñar a los padres acerca de las consecuencias naturales y lógicas

Una de las tareas más importantes y difíciles para los padres de niños oposicionistas es ayudar a sus hijos a llegar a ser más independientes y responsables. El terapeuta puede ayudar a los padres a que promuevan la toma de decisiones, el sentido de responsabilidad y la capacidad de aprender de los errores de sus hijos mediante el uso de las consecuencias naturales y lógicas. Una *consecuencia natural* es todo aquello que resulta de la acción o inacción de un niño en ausencia de la intervención de un adulto. Por ejemplo, si Roberto se queda dormido por la mañana o no quiere ir al colegio en autobús, la consecuencia natural es que tiene que ir andando. Si Carmen no quiere ponerse el abrigo, entonces pasará frío. En estos ejemplos, los niños aprenden al experimentar las consecuencias directas de sus propias decisiones y, de este modo, no están protegidos de la posibilidad de un resultado indeseable. Por otra parte, una *consecuencia lógica* es diseñada por los padres; «castigo a la medida del crimen». Una consecuencia lógica para un niño que rompe la ventana del vecino sería hacer tareas domésticas para reunir el dinero del arreglo. Una consecuencia lógica por robar sería devolver el objeto a la tienda, disculparse con el dueño y hacer una tarea extra o perder un privilegio. En otras palabras, cuando los padres usan esta técnica, hacen a los niños responsables de sus errores ayudándoles a compensar el error de alguna manera.

En contraste con la táctica de ignorar o el tiempo-fuera, las consecuencias naturales y lógicas enseñan a los niños a ser más responsables. Estas estrategias son más efectivas para problemas recurrentes donde los padres son capaces de decidir por adelantado cómo responderán en el caso de que ocurra la mala conducta.

Éstos son los puntos principales para resaltar a los padres:

— Proporcionar las consecuencias inmediatamente.
— Dar consecuencias apropiadas a la edad.
— Dar consecuencias no hirientes.
— Utilizar consecuencias breves y apropiadas.
— Implicar al niño siempre que sea posible.
— Ser amigable y positivo.
— Dejar al niño elegir las consecuencias por adelantado.
— Asegurarse de que los padres pueden vivir con las consecuencias que han establecido.
— Ofrecer rápidamente oportunidades de aprendizajes nuevos para tener éxito.

APÉNDICE I
Gráfico de frecuencias

Nombre del niño:
Fecha:
Semana n.°:

Conductas objetivo:

1._____

2._____

3._____

Hora	Lunes	Martes	Miércoles	Jueves	Viernes	Sábado	Domingo
06-08							
08-10							
10-12							
12-14							
14-16							
16-18							
18-20							
20-22							
22-24							
00-02							
02-04							
04-06							

APÉNDICE II
Registro ABC

Nombre del niño:
Edad del niño:
Fecha:

Conducta que está siendo registrada:

Fecha y hora	Antecedente: ¿qué sucedió antes?	Conducta: ¿qué hizo su hijo?	Consecuencias: ¿cuál fue el resultado final? i) ¿Qué hizo (p. ej. ignorar, discutir, regañar, pegar, etc.)? ii) ¿Cómo reaccionó?	Describa sus sentimientos

Cómo poner límites

«Las alegrías de los padres son secretas, y también lo son sus pesares.»

(Francis Bacon, 1597)

Muchos de los «pesares» a los que se refiere Francis Bacon aparecen en el curso de sus esfuerzos por disciplinar a sus hijos. Algunos padres se sienten demasiado avergonzados para admitir las dificultades que tienen con sus hijos, y así sus sufrimientos a menudo son secretos. El fracaso para poner límites a los impulsos, exigencias y conductas de los niños, es la fuente de la gran parte del sufrimiento de los padres de hoy en día. Los niños tienen derechos, pero también ustedes, los padres, y sobre todo, ¡las madres!

Cómo establecer límites

El equilibrio ideal es un compromiso entre las demandas algunas veces mutuamente incompatibles, y un estilo de vida que maximice las posibilidades de refuerzo mutuas de la relación padre-hijo. Este «punto medio», si se consigue, se establece durante un largo período de tiempo, durante el proceso de socialización (el proceso de adquisición de conocimientos, valores, lenguaje y habilidades sociales que permiten a un individuo integrarse en la sociedad). Empieza con el entrenamiento en obediencia.

No es de extrañar que los niños se quejen y comparen su suerte con la de otros niños cuando se les ponen límites. Sin embargo, está demostrado que los niños se dan cuenta de que sus padres se mantienen firmes *porque se preocupan*. Los niños saben, en el fondo, que no pueden afrontar todo solos. Necesitan que alguien se haga cargo de sus vidas para que puedan aprender y experimentar en la vida con una base segura.

Los niños que hacen lo que quieren todo el tiempo interpretan esa permisividad como indiferencia; sienten que nada de lo que hacen es lo bastante importante para que sus padres se preocupen. Si tiene que hacer frente a rabietas, recriminaciones y malos humos, apriete los dientes, cobre ánimo y considérelo a largo plazo. Permanezca firme y seguro; puede resultar difícil, pero merece la pena a largo plazo.

Consejos para padres 2

Cómo hacer frente al comportamiento de su hijo

Códigos de colores para conductas

La conducta de su hijo puede clasificarse de acuerdo a un código de tres colores: verde, ámbar y rojo.

— *Verde* significa «seguir adelante» para el tipo de conducta que quiere de su hijo, las acciones que tiene que reforzar y alentar. Si utiliza el código verde de manera consistente, este comportamiento debe estar bien establecido antes de que empiece la escuela.

— *Ámbar* es para conductas de «precaución», que no alienta pero tolera, ya que el niño todavía está aprendiendo y comete errores. Incluye conductas como tirar los juguetes por la habitación en un momento de furia. Cualquier tipo de situación estresante como cambiarse de casa, una enfermedad o conflicto en la familia, puede causar que el niño dé un paso atrás en su forma de comportarse. Sea comprensivo si, de repente, su hijo moja la cama o llora a consecuencia de un mal sueño por la noche, un cambio importante en la rutina o un acontecimiento estresante, como la muerte de un ser querido.

— *Rojo* es para conductas que hay que parar (¡No! ¡No!) tan pronto como sea posible, como cruzar la calle sin mirar.

Cualquier límite que se establezca debe ser por la seguridad, el bienestar y el desarrollo del niño; *no imponga normas por tener normas.* Aténgase a las esenciales. Es crucial asegurarse de que el niño conoce exactamente las normas y lo que se espera de él. A continuación ofrecemos un listado de repaso:

— ¿Sus normas son simples?
— ¿Sus normas son justas?

— ¿Su hijo las entiende?

— ¿Su hijo sabe lo que ocurrirá si no las cumple?

— ¿Aplica las reglas de forma justa y consistente?

Las prioridades deben corresponder a la edad del niño; las normas para niños más mayores y adolescentes serán, por supuesto, diferentes de las de los más pequeños.

Cómo ser firme

El problema de muchos padres es que les resulta difícil mantenerse firme con su hijo. Si su hijo ha cogido el hábito de no hacer caso a sus instrucciones, puede practicar alguna o todas de las siguientes tácticas para asegurarse de que le escucha:

— Agárrelo por los hombros mientras le da la instrucción.

— Mírele a los ojos.

— Háblele con voz clara y firme.

— Haga que su cara parezca severa mientras habla.

— Tenga a alguien cerca para que le respalde si el niño le ignora.

— Insista en que le atienda y le obedezca —una instrucción razonable.

Cosas que puede hacer cuando ignoran los límites

Ignorar juiciosamente

— No haga caso de provocaciones, comentarios ofensivos ni protestas.

— Ignore rabietas, gritos y chillidos, cuando sea posible. Siga adelante con sus cosas; por ejemplo, saque la aspiradora para que no se puedan oír las rabietas del niño.

— Si es realmente importante que el niño le obedezca, hágale ver a su hijo que habla en serio; póngase de pie y repita la instrucción con voz firme y alta (*sin* gritar), *¡Está bien aparentar realmente enfado!*

— Dé instrucciones breves y vaya al grano.

— Dé solamente una orden a la vez.

— Utilice frases que especifiquen claramente la conducta deseada.

— Sea realista en sus expectativas y use frases que correspondan a la edad del niño.

— No use instrucciones de prohibición; use órdenes de «hacer».

— Dé las órdenes de forma amable.

— No dé órdenes innecesarias.

— No amenace al niño.

— Use frases del tipo «si-entonces» («*Si* recoges, *entonces* podrás salir a jugar»).

— Siempre que sea posible dé opciones al niño.

— Dé al niño suficientes oportunidades de obedecer.

— Alabe su obediencia y establezca consecuencias por la desobediencia.

— Dé avisos y haga recordatorios útiles.

— Apoye las órdenes de su pareja.

— Consiga un equilibrio entre el control de los padres y el del niño.

— Fomente la resolución de problemas en los niños.

Cómo fortalecer el autocontrol de su hijo

Algo valioso para recordar

Los niños cuyos padres establecen límites firmes crecen con más autoestima y confianza que aquellos a los que se les permite hacer lo que quieren portándose de cualquier forma, sobre todo agresivamente. Es importante, sin embargo, dar a los niños alguna libertad de elección dentro de unos límites razonables.

Entrenamiento en autocontrol

Existen técnicas que pueden ayudar a fortalecer el autocontrol. El entrenamiento implica hacer a su hijo consciente de las circunstancias en que se enfada, y luego pasar por una serie de etapas. Primero, modele cómo se realiza una tarea, diciendo afirmaciones positivas del tipo «Piensa antes de actuar»; «No vale la pena perder los nervios»; «Contaré hasta diez y me calmaré». Su hijo entonces practica las mismas frases o autoinstrucciones, primero en voz alta, luego murmurándolas y finalmente en silencio. A los niños se les anima a utilizar estas frases para que puedan observar, evaluar y reforzar la conducta apropiada en ellos mismos.

Consecuencias lógicas

Si se asegura (dentro de unos límites) que a su hijo se le deja experimentar las consecuencias de sus propios actos, esto llega a ser un medio efectivo para modificar la conducta. Si su hijo a la hora de las comidas, por ejemplo, tira la comida al suelo, es más probable que aprenda a comportarse si se queda sin comer. Si siempre le pone otro plato probablemente continúe siendo antisocial.

Desafortunadamente, desde el punto de vista del propio interés de los padres, a los niños no se les deja experimentar las consecuencias de su propia mala conducta. Contra sus propios intereses y los del niño, intervienen para proteger a sus hijos de la realidad. El resultado, sin embargo, de esta permisividad es que las implicaciones (resultados) de la situación con frecuencia no llegan a ser aparentes para el niño y continúa cometiendo las mismas travesuras una y otra vez. En este caso es necesaria una profunda reflexión. ¿Hasta qué punto (especialmente con niños pequeños y adolescentes) se debe intervenir para proteger a su hijo de los riesgos y golpes inevitables de la vida? ¿Hasta qué punto le permite a su hijo aprender de la experiencia —a pulso?

Lecturas recomendadas

1. Alimentación, sueño y miedos nocturnos

Baker, B. L., Brightman, A. J., Heifetz, L. J. y Murphy, D. M. (1980). *¿Cómo enseñar a mi hijo? Habilidades elementales.* Madrid: Pablo del Río.

Gavino, A. (1998). *Problemas de alimentación en el niño: Manual práctico para su prevención y tratamiento* (2.ª ed.). Madrid: Pirámide.

Godoy, A. y Cobos, M. P. (1998) Tratamiento de un caso con problemas alimenticios. En F. X. Méndez y D. Macià (eds.), *Modificación de conducta con niños y adolescentes: Libro de casos* (6.ª ed., 151-164). Madrid: Pirámide.

Buela-Casal, G. y Sierra, J. C. (1998). *Los trastornos del sueño: Evaluación, tratamiento y prevención en la infancia y la adolescencia* (2.ª cd.). Madrid: Pirámide.

Estivill, E. y Béjar, S. de (1998). *Duérmete, niño: Cómo solucionar los problemas de sueño infantil* (4.ª ed.). Barcelona: Plaza & Janés.

Méndez, F. X. (1999). *Miedos y temores en la infancia: Ayudar a los niños a superarlos.* Madrid: Pirámide.

Pelechano, V. (1981). *Miedos infantiles y terapia familiar-natural.* Valencia: Alfaplús.

2. Control de esfínteres, enuresis y encopresis

Bragado, C. (1999). *Enuresis infantil: Un problema con solución.* Madrid: Pirámide.

Cáceres, J. (1982). *Cómo ayudar a su hijo si se hace pis en la cama.* Madrid: Siglo XXI.

Cáceres, J. (1993). Tratamiento comunitario de la enuresis. En D. Macià, F. X. Méndez y J. Olivares (eds.), *Intervención psicológica: Programas aplicados de tratamiento* (pp. 173-202). Madrid: Pirámide.

Llavona, L. M. (1998). Tratamiento de un caso de enuresis primaria. En F. X. Méndez y D. Macià (eds.), *Modificación de conducta con niños y adolescentes: Libro de casos* (6.ª ed., 235-253). Madrid: Pirámide.

Toro, J. (1992). *Enuresis: Causas y tratamiento*. Barcelona: Martínez Roca.

Bragado, C. (1998). *Encopresis*. Madrid: Pirámide.

Bragado, C. (1998). Evaluación y tratamiento de un caso de encopresis secundaria. En F. X. Méndez y D. Macià (eds.), *Modificación de conducta con niños y adolescentes: Libro de casos* (6.ª ed., 254-278). Madrid: Pirámide.

3. Disciplina

Carrobles, J. A. y Pérez-Pareja, F. J. (1999). *Escuela de padres*. Madrid: Pirámide.

Herbert, M. (1987). *Los problemas de los niños: Una guía práctica para prevenirlos o tratarlos*. Barcelona: Planeta.

Herbert, M. (1983). *Trastornos de conducta en la infancia y la adolescencia*. Barcelona: Paidós.

Larroy, C. y Puente, M. L. de la (1998). *El niño desobediente: Estrategias para su control* (4.ª ed.). Madrid: Pirámide.

Peine, H. y Howarth, R. (1990). *Padres e hijos: Problemas cotidianos de conducta*. Madrid: Siglo XXI.

Pelechano, V. (1980). *Terapia familiar comunitaria*. Valencia: Alfaplús.

Rinn, R. C. y Markle, A. (1981). *Paternidad positiva*. México: Trillas.

Bibliografía

Capítulo 1

Achenbach, T. M. y Edelbrock, C. S. (1983). Taxonomic issues in child psychology. En T. Ollendick y M. Hersen (eds.), *Handbook of child psychopathology*. Nueva York: Plenum.

Douglas, J. (1989). Behaviour problems in young children. Londres: Tavistock/Routledge.

Douglas, J. y Richman, N. (1984). *My child won't sleep*. Harmondsworth: Penguin.

Douglas, J. y Richman, N. (1985). *Sleep management manual*. Londres: Great Ormond Street Hospital for Sick Children.

Ferber, R. (1985). *Solve your child's sleep problems*. Nueva York: Simon and Schuster.

Herbert, M. (1987). *Behavioural treatment of children with problems: A practical manual*. Londres: Academic Press.

Herbert, M. (1991). *Clinical child psychology: Social learning, development and behaviour*. Chichester: Wiley.

Herbert, M. (1994). Behavioural methods. En M. Rutter et al., *Child and adolescent psychiatry*. Oxford: Blackwell.

Iwaniec, D. (1995). *Emotional abuse and neglect*. Chichester: Wiley.

Iwaniec, D., Herbert, M. y Sluckin, A. (1988). Helping emotionally abused children who fail to thrive. En K. Browne et al. (ed.), *Early prediction and prevention of child abuse*. Chichester: Wiley.

Capítulo 2

Anthony, E. J. (1957). An experimental approach to the psychopatology of childhood: Encopresis. *British Journal of Medical Psychology, 30*, 146-175.

Bellman, M. (1966). Studies in encopresis. *Acta Paediatrica Scandinavica (Suppl.), 170,* 7-132.

Boon, F. (1991). Encopresis and sexual assault. *Journal of the American Academy of Child an Adolescent Psychiatry, 30,* 479-482.

Butler, N. y Golding, M. (1986). *From Birth to Five: A study of the Health and Behaviour of British Five Year Olds.* Oxford: Pergamon Press.

Clayden, G. S. (1988). Is constipation in childhood a neurodevelopmental abnormality? En P. J. Milla (ed.), *Disorders of gastrointestinal motility in childhood.* Chichester: Wiley.

Clayden, G. S. y Agnarsson, U. (1991). *Constipation in childhood.* Oxford: Oxford University Press.

Devlin, J. B. y O'Cathain, C. (1990). Predicting treatment outcome in nocturnal enuresis. *Archives of Disease in Childhood, 65,* 1158-1161.

Doleys, D. M. (1977). Behavioural treatments for nocturnal enuresis in children: A review of the recent literature. *Psychological Bulletin, 84,* 30-54.

Dollard, J. y Miller, N. E. (1950). *Personality and psychoterapy.* Nueva York: McGraw-Hill.

Essen, J. y Peckham, C. (1976). Nocturnal enuresis in childhood. *Developmental Medicine and Child Neurology, 18,* 577-589.

Fergusson, D. M., Horwood, L. J. y Shannon, F. T. (1986). Factors related to the age of attainment of nocturnal bladder control: An 8-year longitudinal study. *Pediatrics, 78,* 884-890.

Halliday, S., Meadow, S. R. y Berg, I. (1987). Successful management of daytime enuresis using alarm procedures a randomly controlled trial. *Archives of Disease in Childhood, 62,* 132-137.

Herbert, M. (1987). *Behavioural treatment of children with problems: A practical manual.* Londres: Academic Press.

Hersov, L. (1994). Faecal soiling. En M. Rutter, E. Taylor y L. Hersov (eds.), *Child and adolescent psychiatry modern approaches* (3.ª ed.). Oxford: Blackwell Scientific Publishers.

Levine, M. D. y Bakow, H. (1976). Children with encopresis: A study of treatment outcome. *Paediatrics, 50,* 845-852.

Rutter, M., Tizard, J. y Whitmore, K. (eds.) (1970). *Education, health and behaviour.* Harlow: Longman.

Schmidt, B. D. (1986). New enuresis alarms: Safe, successful and child operable. *Contemporary Pediatrics, 3,* 1-6.

Sears, R. R., Maccoby, E. E. y Lewin, H. (1957). *Patterns of child rearing.* Londres: Harper and Row.

Shaffer, D. (1994). Enuresis. En M. Rutter, E. Taylor y L. Hersov (eds.), *Child and adolescent psychiatry: Modern approaches.* Oxford: Blackwell Scientific Publishers.

Sluckin, A. (1981). Behavioural social work with encopretics, thier families and the school. *Child Care, Health and Development, 7,* 67-80.

Smith, P. S. y Smith, L. J. (1987). *Continence and incontinence: Psychological development and treatment.* Londres: Croom Helm.

Tierney, A. (1973). Toilet training. *Nursing Times, 20/27 December,* 1740-45.

Webster-Stratton, C. y Herbert, M. (1994). *Troubled families: Problem children.* Chichester: Wiley.

Weir, K. (1982). Night and day wetting among a population of three year olds. *Developmental Medicine and Child Neurology, 24,* 479-484.

Capítulo 3

American Psychiatric Association (1993). *Diagnostic and Statistical Manual of Mental Disorders,* 4.ª ed. (DSM IV). Washington, D.C.: American Psychiatric Association.

Baumrind, D. (1971). Current patterns of parental authority. *Developmental Psychology Monographs,* 4 (1), Part 2, 1-103.

Herbert, M. (1974). *Emotional problems of development in children.* Londres: Academic Press.

Herbert, M. (1987). *Behavioural treatment of children with problems: A practice manual.* Londres: Academic Press.

Herbert, M. (1989). *Clinical child psychology: Social learning, development and behaviour.* Chichester: Wiley.

MacKenzie, R. J. (1993). *Setting limits.* Rocklin, C.A.: Prima Publishing.

Webster-Stratton, C. y Herbert, M. (1994). *Troubled families: Problem children.* Chichester: Wiley.